品詞と活用の記号 | Symbols for Parts of Speech and Conjugations

動詞 verb

辞書形	dictionary form		Vる	行く
ます形	*masu*-form		Vます	行きます
ます形語幹	stem of *masu*-form		Vます	行き
ない形	*nai*-form		Vない	行かない
ない形語幹	stem of *nai*-form		Vない	行か
て形	*te*-form		Vて	行って
た形	*ta*-form		Vた	行った
意向形	volitional form		V（よ）う	行こう
条件形	conditional form		Vば	行けば

い形容詞 *i*-adjective

い形容詞語幹	stem of *i*-adjective		いAい	おいしい
			いAい	おいし
て形	*te*-form		いAくて	おいしくて
条件形	conditional form		いAければ	おいしければ

な形容詞 *na*-adjective

な形容詞語幹	stem of *na*-adjective		なAな	有名な
			なAな	有名
な形容詞語幹＋だ	stem of *na*-adjective + だ		なAだ	有名だ
な形容詞語幹＋である	stem of *na*-adjective + である		なAである	有名である

名詞 noun

			N	学生
名詞＋な	noun + な		Nな	学生な
名詞＋の	noun + の		Nの	学生の
名詞＋だ	noun + だ		Nだ	学生だ
名詞＋である	noun + である		Nである	学生である

普通形 Plain form 普

動詞	verb	行く	行かない	行った	行かなかった
い形容詞	*i*-adjective	おいしい	おいしくない	おいしかった	おいしくなかった
な形容詞	*na*-adjective	有名だ	有名じゃない／有名ではない	有名だった	有名じゃなかった／有名ではなかった
名詞	noun	学生だ	学生じゃない／学生ではない	学生だった	学生じゃなかった／学生ではなかった

※な形容詞と名詞の現在形の例外は ＊ で示しています。

例 普

* なAな

* Nの

文法からひろげる
日本語トレーニング

著

五十嵐香子
Kyoko Igarashi

金澤美香子
Mikako Kanazawa

杉山舞
Mai Sugiyama

文法

バディ
Buddy

JLPT|N3
日 本 語 能 力 試 験
Grammar Buddy for the Japanese-Language
Proficiency Test N3

the japan
times
PUBLISHING

文法Buddy JLPT日本語能力試験 N3 — 文法からひろげる日本語トレーニング
Grammar Buddy for the Japanese-Language Proficiency Test N3 — Grammar-driven Japanese Training
2024年 4月20日　初版発行

著　者：五十嵐香子・金澤美香子・杉山舞
発行者：伊藤秀樹
発行所：株式会社 ジャパンタイムズ出版
　　　　〒102-0082 東京都千代田区一番町2-2
　　　　　　　　一番町第二TGビル 2F
ISBN978-4-7890-1878-4

First edition: April 2024

Narrators: Erika Umeda, Mai Kanade and Shogo Nakamura
Recordings: The English Language Education Council
English translations: EXIM International, Inc.
Chinese translations: Sun Zhengzheng
Vietnamese translations: Nguyen Do An Nhien
Illustrations: Yuko Ikari
Layout design and typesetting: DEP, Inc.
Cover design: Masakazu Yamanokuchi (OKIKATA)
Printing: Nikkei Printing Inc.

Published by The Japan Times Publishing, Ltd.
2F Ichibancho Daini TG Bldg., 2-2 Ichibancho, Chiyoda-ku, Tokyo 102-0082, Japan
Website: https://jtpublishing.co.jp

ISBN978-4-7890-1878-4

Printed in Japan

はじめに

●

Preface

　本書『文法Buddy JLPT日本語能力試験N3 ―文法からひろげる日本語トレーニング―』は、N3レベルの文法を確実にマスターすることを目指すテキストです。日本語の学習において、中級レベルに入ると多くの文法項目を学ぶことになります。その１つ１つをしっかりと定着させるためには、単に文法の意味を理解するだけでなく、その文法を使って読んだり書いたりできるようになるための総合的な練習を積むことが必要です。このテキストは、１冊でそのトレーニングを完成させることを目指して作りました。

　本書は、N3レベルに必要な84の文法項目を厳選し、その１つずつに対して練習を多く積めるように構成されています。そして、１つの課で文法項目を６つ学ぶごとに、その課のまとめとしてJLPT形式の問題を実施することで、文法項目の復習と同時にJLPT対策ができるようになっています。さらに、小テストや宿題として使える確認問題もダウンロードして使用することができます。

　また、問題を作成するにあたっては、学習者にとって親しみやすい教材になるように心がけました。例えば、読解文や聴解のスクリプトには、日本で生活する留学生とその仲間たちがキャラクターとして登場します。キャラクター同士のやりとりを楽しみながら学習を進めることができるでしょう。

　本書を出版するにあたり、企画段階から支え続けてくださったジャパンタイムズ出版日本語出版編集部の皆さんをはじめ、本書の作成のためにご協力くださったお一人お一人に心から感謝いたします。

　本書がN3合格を目指す学習者の方々やN3レベルの日本語を教える先生方の良き「Buddy」となれば幸いです。

2024年３月　　五十嵐　香子

金澤　美香子

杉山　舞

もくじ

第1課	

第2課	

第3課	

第4課	

第5課	

第6課	

■写真提供
株式会社アクセスネクステージ (p. 46) ／PIXTA (p. 83, p. 94, p. 179)

本書の特長と使い方

本書は、①本冊、②別冊、③音声、④補助リソース（PDFダウンロード）の4つで構成されています。

1 本冊

本冊は全部で14課あり、1つの課で6つの文法項目を学習します。各課は「単語」「文法の練習」「まとめの練習」の3つのセクションで構成されています。

単語

その課の「文法の練習」に出てくる難しい語彙に、英語、中国語、ベトナム語の翻訳をつけたリストです。主にN3以上の語彙を取り上げています。「文法の練習」に取り組む前に確認しておきましょう。

文法の練習

「文法の練習」では、1ページごとに1つの文法項目について、意味と使い方を学習していきます。

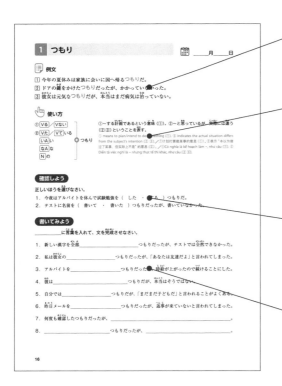

📋 例文

そのページで学習する文法を使った文です。

👆 使い方

文法の接続と意味を説明しています。接続の説明に使われる記号については、表紙の次のページにある「品詞と活用の記号」を見てください。

確認しよう

文法の使い方を正しく理解できているか確認するための問題です。

書いてみよう

そのページで学習した文法を使って文を書く問題です。空欄に入る言葉を考えて書いてください。

まとめの練習

「文法の練習」で学んだ6つの文法項目を使った練習問題です。問題1から問題5まであり、1は読解、2と3は文法、4と5は聴解で、すべてJLPTと同じ形式になっています。問題1と問題4は課によって問題形式が異なるので、解く前に必ずどの形式かを確認しておきましょう。

問題1

内容理解　短文：200字程度の文章を読み、内容についての質問に答える問題。
内容理解　中文：350字程度の文章を読み、内容についての質問に答える問題。
内容理解　長文：550字程度の文章を読み、内容についての質問に答える問題。

問題4

課題理解：話を聞いて、話の後にしなければならないことを選ぶ問題。
ポイント理解：話を聞く前に20秒程度で選択肢を読み、聞き取るポイントを理解してから話を聞いて、正しい答えを選ぶ問題。
概要理解：話を聞いて、テーマは何か答える問題。選択肢は印刷されていない。

❷ 別冊

文法の練習の「確認しよう」とまとめの練習の解答と聴解問題のスクリプトが収録されています。

❸ 音声

・スマートフォン、タブレットの場合
右のコードを読み取ってジャパンタイムズ出版の音声アプリ「OTO Navi」をインストールし、音声をダウンロードしてください。

・パソコンの場合
以下のURLからジャパンタイムズBOOK CLUBにアクセスして、音声をダウンロードしてください。

https://bookclub.japantimes.co.jp/jp/book/b642962.html

❹ 補助リソース（PDFダウンロード）

単語リストと確認テスト、「書いてみよう」の解答例が以下のサイトからダウンロードできます。

https://bookclub.japantimes.co.jp/jp/book/b642962.html

1．単語リスト
「文法の練習」の単語リストに、「まとめの練習」に出てくる難しい単語を追加したリストです。英語、中国語、ベトナム語の翻訳がついています。

2．確認テスト
各課の文法を理解できているか確認する問題です。各課が終わった後に小テストとして実施してもいいですし、宿題として配布してもいいでしょう。

3．「書いてみよう」の解答例
「文法の練習」の「書いてみよう」の解答例です。

Feature and Usage of This Book

This title consists of four elements: (1) Main volume, (2) Supplementary volume, (3) Audio material, and (4) Additional resources (downloadable PDF files).

1 Main volume

The main volume has 14 units. Each unit presents six grammar items to learn, and is divided into three sections: 単語, 文法の練習, and まとめの練習.

This is a list of challenging expressions found in 文法の練習, along with translations in English, Chinese, and Vietnamese. The entries are mainly at the N3 level or higher. Be sure to go over them before doing 文法の練習.

文法の練習

This section presents one grammar item per page, covering their meaning and usage.

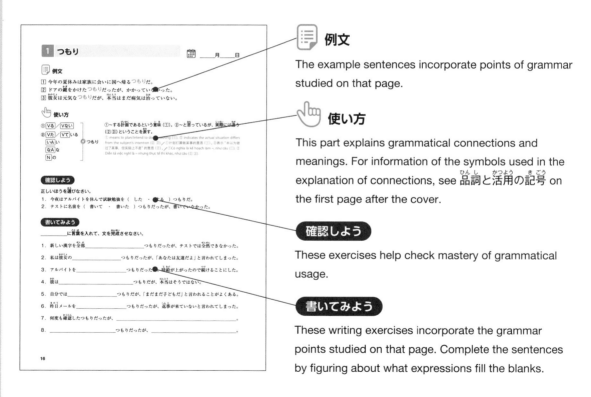

例文

The example sentences incorporate points of grammar studied on that page.

使い方

This part explains grammatical connections and meanings. For information of the symbols used in the explanation of connections, see 品詞と活用の記号 on the first page after the cover.

確認しよう

These exercises help check mastery of grammatical usage.

書いてみよう

These writing exercises incorporate the grammar points studied on that page. Complete the sentences by figuring about what expressions fill the blanks.

まとめの練習

These exercises provide practice in the six grammar items studied in 文法の練習. All five problems are modeled after the Japanese-Language Proficiency Test. Problem 1 covers Reading, 2 and 3 focus on Grammar, and 4 and 5 are Listening exercises. The formats of problems 1 and 4 vary by unit, so familiarize yourself with their format before tackling them.

問題1 Comprehension (Short passages):
Read passages of approx. 200 characters and answer questions about them.
Comprehension (Mid-size passages):
Read passages of approx. 350 characters and answer questions about them.
Comprehension (Long passages):
Read passages of approx. 550 characters and answer questions about them.

問題4 Task-based comprehension:
Listen to a conversation and select the action that needs to be performed afterwards.
Point comprehension:
Read the answer choices in the roughly 20 seconds before the conversation plays in order to grasp what to listen for. Next, listen to the recording and choose the correct answer.
Summary comprehension:
Listen to the recording and identify the theme. The answer choices are not printed.

2 Supplementary volume

This volume contains answer keys to the 確認しよう part of 文法の練習 and to the まとめの練習 section, as well as scripts of the Listening problems.

3 Audio material

Downloading to smartphone or tablet

Scan the code on the right and install The Japan Times Publishing's "OTO Navi" app. Next, use the app to download the audio material.

Downloading to computer

Use the following link to access The Japan Times Book Club website. Download the audio files from that site.

https://bookclub.japantimes.co.jp/jp/book/b644248.html

4 Additional resources (downloadable PDF files)

A vocabulary list and mastery tests can be downloaded from the website linked below.

https://bookclub.japantimes.co.jp/jp/book/b644248.html

1. Vocabulary lists

These lists include the entries of the vocabulary lists of the main volume's 文法の練習, plus challenging expressions found in まとめの練習. Translations are provided in English, Chinese, and Vietnamese.

2. Mastery tests

These tests check mastery of the grammar points of each unit. They can be used as quizzes at the end of each unit, or be handed out as homework.

3. Sample answers to 書いてみよう

This resource provides sample answers to the 書いてみよう part of 文法の練習.

本书的特点及使用方法

本书由①本册，②别册，③语音，④辅助资源（PDF文件下载）这4部分构成。

1 本册

本册里一共有14课，每一课学习6个语法项目。每课都是由「単語」「文法の練習」「まとめの練習」这三个模块构成。

単語

在每一课的「文法の練習」这个模块里出现的一些比较难的词汇都汇总在单词表里，并附有英语、汉语、越南语的翻译。这里的词汇大多是N3词汇范围之外的单词。在进入「文法の練習」这个模块前，需要提前把这里的单词掌握好。

文法の練習

在「文法の練習」这个模块，每一页都有一个语法项目，我们在这里学习该语法的意思以及用法。

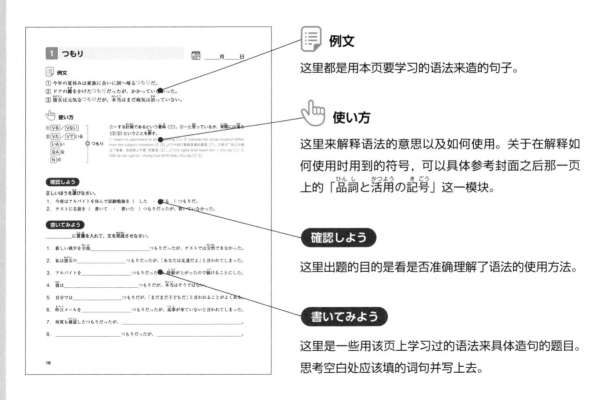

例文

这里都是用本页要学习的语法来造的句子。

使い方

这里来解释语法的意思以及如何使用。关于在解释如何使用时用到的符号，可以具体参考封面之后那一页上的「品詞と活用の記号」这一模块。

確認しよう

这里出题的目的是看是否准确理解了语法的使用方法。

書いてみよう

这里是一些用该页上学习过的语法来具体造句的题目。思考空白处应该填的词句并写上去。

まとめの練習

这里是利用「文法の練習」模块里学过的6个语法项目来完成的一些练习题。从第1题到第5题，共有5个题。第1题是阅读题，第2、3题是语法题，第4、5题是听力题，所有的题目的题型都与JLPT（日语能力考试）题型相同。第1题跟第4题，由于不同章节出的题型不同，在答题之前一定要先确认好是哪种题型再答。

問題1

阅读理解（短篇）：读一篇200字左右的文章，根据文章内容来回答问题。

阅读理解（中篇）：读一篇350字左右的文章，根据文章内容来回答问题。

阅读理解（长篇）：读一篇550字左右的文章，根据文章内容来回答问题。

問題4

问题理解题：这里的问题需要先听对话，然后选择对话结束后必须要做的事情。

重点理解题：在听对话前用20秒左右的时间先把选项读一遍，找出在听的时候需要注意听的关键点，然后再去听对话，之后选择正确的答案。

概要理解题：这里的问题需要先听对话，然后选择对话的主题。选项没有印出来，需要自己去听。

2 别册

这里收录了语法练习「確認しよう」模块跟「まとめの練習」模块的练习题的参考答案以及听力题的原文。

3 语音

用手机或平板电脑下载的情况

请扫描右边的二维码，下载Japan Times推出的语音APP "OTO Navi"并安装之后，即可下载本书的语音文件。

用电脑下载的情况

点击下面的链接进入Japan Times的BOOK CLUB来下载语音文件。

https://bookclub.japantimes.co.jp/jp/book/b644248.html

4 辅助资源 （PDF文件下载）

生词表跟"查缺补漏"小测试可以点击下面的网页地址来下载。

https://bookclub.japantimes.co.jp/jp/book/b644248.html

1．生词表

这里的生词表是在「文法の練習」模块的生词表的基础上，加入了「まとめの練習」模块里面出现的一些比较难的单词，并附有英语、汉语、越南语的翻译。

2．"查缺补漏"小测试

这里的题目是来考察每一课的语法是否得到了正确的理解。这里的题既可以在每一课结束之后作为小测试来用，也可以当作作业布置给学生。

3．「書いてみよう」模块的参考答案

语法练习「書いてみよう」这个模块的参考答案。

Đặc trưng và cách sử dụng quyển sách này

Quyển sách này được chia thành 4 phần gồm ① Bản chính, ② Phụ lục, ③ Âm thanh, ④ Nguồn bổ trợ (tải PDF).

1 Bản chính

Bản chính có tất cả 14 bài, 1 bài có 6 mục ngữ pháp để học. Các bài được chia thành 3 phần chính gồm "単語 (Từ vựng)", "文法の練習 (Luyện tập ngữ pháp)" và "まとめの練習 (Luyện tập tổng kết)".

単語

Là danh sách từ vựng khó, xuất hiện trong phần "文法の練習 (Luyện tập ngữ pháp)" của bài đó, có phần dịch tiếng Anh, tiếng Trung và tiếng Việt. Chủ yếu là từ vựng trình độ N3 trở lên. Các bạn hãy kiểm tra trước khi bắt tay vào "文法の練習 (Luyện tập ngữ pháp)" nhé.

文法の練習

Trong "文法の練習 (Luyện tập ngữ pháp)", các bạn sẽ học ý nghĩa và cách sử dụng của 1 mục ngữ pháp trong từng trang một.

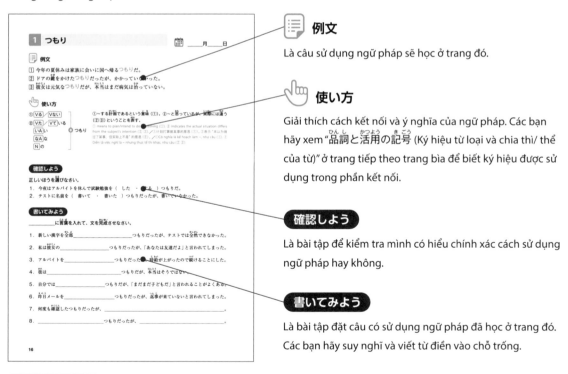

例文

Là câu sử dụng ngữ pháp sẽ học ở trang đó.

使い方

Giải thích cách kết nối và ý nghĩa của ngữ pháp. Các bạn hãy xem "品詞と活用の記号 (Ký hiệu từ loại và chia thì/ thể của từ)" ở trang tiếp theo trang bìa để biết ký hiệu được sử dụng trong phần kết nối.

確認しよう

Là bài tập để kiểm tra mình có hiểu chính xác cách sử dụng ngữ pháp hay không.

書いてみよう

Là bài tập đặt câu có sử dụng ngữ pháp đã học ở trang đó. Các bạn hãy suy nghĩ và viết từ điền vào chỗ trống.

まとめの練習

Đây là bài tập sử dụng 6 mục ngữ pháp đã học trong "文法の練習 (Luyện tập ngữ pháp)". Có từ câu 1 đến câu 5, câu 1 là đọc hiểu, câu 2 và 3 là ngữ pháp, câu 4 và 5 là nghe hiểu, tất cả đều có hình thức giống với JLPT. Câu 1 và câu 4 khác nhau về hình thức câu hỏi tùy vào đoạn văn nên các bạn nhất định hãy kiểm tra đó là hình thức nào trước khi trả lời.

Hiểu nội dung (đoạn văn ngắn):
Là câu hỏi yêu cầu đọc và trả lời về nội dung của đoạn văn dài khoảng 200 chữ.

Hiểu nội dung (đoạn văn vừa):
Là câu yêu cầu đọc và trả lời về nội dung của đoạn văn dài khoảng 350 chữ.

Hiểu nội dung (đoạn văn dài):
Là câu hỏi yêu cầu đọc và trả lời về nội dung của đoạn văn dài khoảng 500 chữ.

 Hiểu vấn đề:
Là câu hỏi nghe nói chuyện và chọn việc phải làm sau khi nói chuyện.

Hiểu điểm quan trọng:
Là câu hỏi yêu cầu đọc các chọn lựa trong khoảng 20 giây trước khi nghe nói chuyện, hiểu các điểm quan trọng để nghe rồi nghe, sau đó chọn câu trả lời đúng.

Hiểu khái quát:
Là câu hỏi yêu cầu nghe nói chuyện và trả lời để tài là gì. Các chọn lựa không được in ra.

2 Phụ lục

Phần giải đáp của "確認しよう" trong phần Luyện tập ngữ pháp và Luyện tập tổng kết cũng như nội dung của bài nghe có trong phụ lục.

3 Âm thanh

Nếu dùng điện thoại thông minh, máy tính bảng

Các bạn hãy quét mã bên phải và cài đặt "OTO Navi" là ứng dụng âm thanh của NXB Japan Times để tải phần âm thanh của sách bản chính.

Nếu dùng máy tính

Các bạn hãy truy cập Japan Times BOOK CLUB từ đường dẫn dưới đây để tải tệp âm thanh.
https://bookclub.japantimes.co.jp/jp/book/b644248.html

4 Nguồn bổ trợ (tải PDF)

Các bạn có thể tải danh sách từ vựng và bài kiểm tra từ trang web dưới đây.
https://bookclub.japantimes.co.jp/jp/book/b644248.html

1. Danh sách từ vựng

Đây là danh sách từ vựng của phần "文法の練習 (Luyện tập ngữ pháp)" và bổ sung từ vựng khó, xuất hiện trong "まとめの練習 (Luyện tập tổng kết)" trong sách bản chính. Có phần dịch tiếng Anh, tiếng Trung và tiếng Việt.

2. Bài kiểm tra

Đây là bài tập để kiểm tra xem các bạn có hiểu ngữ pháp của từng bài không. Các bạn có thể làm như một bài kiểm tra nhỏ sau khi học xong các bài hoặc làm như bài tập cũng được.

3. Câu trả lời mẫu của phần "書いてみよう".

Đây là câu trả lời mẫu của phần "書いてみよう" trong phần "文法の練習 (Luyện tập ngữ pháp)".

登場人物
とうじょうじんぶつ

ケン
アメリカ人
じん
将来の夢は建築家
しょうらい ゆめ けんちくか

さくら
日本人
にほんじん
明るく元気な
あか げんき
大学生
だいがくせい

ルイ
フランス人
じん
日本のアニメが
にほん
大好き
だいす

セイセイ
中国人
ちゅうごくじん
勉強熱心で
べんきょうねっしん
とてもまじめ

ゴック
ベトナム人
じん
しっかり者で
もの
頼れるお姉さん
たよ ねえ

山下先生
やましたせんせい
ケンが通っている
かよ
日本語学校の先生
にほんごがっこう せんせい

店長
てんちょう
ケンがアルバイト
をしているコンビ
ニの店長
てんちょう

第 1 課

単語 　文法の練習に出てくる難しい単語の意味を確認しましょう。

名詞

☐ スタッフ	staff	工作人员，职员	nhân viên
☐ セール	sale	大甩卖，打折	giảm giá
☐ モデル	model	样品，款式	đời, mẫu, mô hình
☐ 時給	hourly wage	时薪，一个小时的工钱	lương theo giờ
☐ 商品	products	商品	sản phẩm
☐ 新車	new car	新车	xe mới
☐ 新人	new people/hires	没有经验的人	người mới
☐ 体力	physical strength	体力	thể lực
☐ 大雪	heavy snow	大雪	bão tuyết
☐ 中古車	used car	二手车	xe cũ
☐ 日の出	sunrise	日出	bình minh, mặt trời mọc
☐ 冷める	cool (off)	变凉，冷掉	bị nguội

な形容詞

☐ さまざまな	various	各种各样的	khác nhau
☐ 公平	fair	公平的	công bằng
☐ 自然な	natural	自然的	tự nhiên

動詞

☐ 映る	appear (on TV, etc.)	出现在…，被拍在了…	lên tivi, chiếu
☐ 渋滞 (する)	traffic jam; (traffic) becomes backed up	堵车，拥挤（…很拥挤）	sự tắc đường; kẹt xe
☐ 生じる	occur	发生，产生	nảy sinh, phát sinh
☐ 接近 (する)	approach	接近（靠近，接近…）	sự đến gần; đến gần
☐ 努力 (する)	effort; put in effort	努力（努力做某事）	sự nỗ lực; nỗ lực
☐ 悩む	worry	烦恼，不知所措	trăn trở, suy nghĩ

その他

☐ ～化	[suffix indicating a change toward ~]	～化，～的趋势	~ hóa

1 つもり

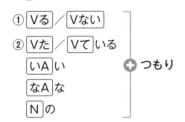

📅 ＿＿＿月＿＿＿日

📋 例文

1. 今年の夏休みは家族に会いに国へ帰る**つもり**だ。
2. ドアの鍵をかけた**つもり**だったが、かかっていなかった。
3. 彼女は元気な**つもり**だが、本当はまだ病気は治っていない。

👆 使い方

① Vる／Vない
② Vた／Vている
　いAい
　なAな
　Nの

➕ つもり

①〜する計画であるという意味（1）。②〜と思っているが、実際には違う（2 3）ということを表す。

① means to plan/intend to do something (1). ② indicates the actual situation differs from the subject's intention (2 3).／①计划打算做某事的意思 (1)。②表示"本以为做过了某事，但实际上不是"的意思 (2)。／①Có nghĩa là kế hoạch làm ~, như câu (1). ② Diễn tả việc nghĩ là ~ nhưng thực tế thì khác, như câu (2 3).

確認しよう

正しいほうを選びなさい。

1. 今夜はアルバイトを休んで試験勉強を（　した　・　する　）つもりだ。
2. テストに名前を（　書いて　・　書いた　）つもりだったが、書いていなかった。

書いてみよう

＿＿＿＿＿＿に言葉を入れて、文を完成させなさい。

1. 新しい漢字を全部＿＿＿＿＿＿＿＿＿＿＿つもりだったが、テストでは全然できなかった。

2. 私は彼女の＿＿＿＿＿＿＿＿＿＿つもりだったが、「あなたは友達だよ」と言われてしまった。

3. アルバイトを＿＿＿＿＿＿＿＿＿＿つもりだったが、時給が上がったので続けることにした。

4. 彼は＿＿＿＿＿＿＿＿＿＿＿つもりだが、本当はそうではない。

5. 自分では＿＿＿＿＿＿＿＿＿つもりだが、「まだまだ子どもだ」と言われることがよくある。

6. 昨日メールを＿＿＿＿＿＿＿＿＿つもりだったが、返事が来ていないと言われてしまった。

7. 何度も確認したつもりだったが、＿＿＿＿＿＿＿＿＿＿＿＿＿＿＿＿＿＿＿＿。

8. ＿＿＿＿＿＿＿＿＿つもりだったが、＿＿＿＿＿＿＿＿＿＿＿＿＿＿＿。

2 うちに

📝 例文

1 若いうちにいろいろな経験がしたい。

2 この料理は冷めないうちに召し上がってください。

3 ケンさんと話しているうちに、少しずつ好きになった。

👆 使い方

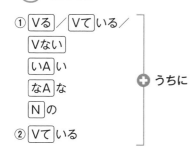

① Vる／Vている／
Vない
いAい
なAな
Nの
➕ うちに
② Vている

「Aうちに B」の形で、①Aが続く間に Bをする（1 2）、②Aの間に自然に、または無意識に Bという変化が起こる（3）ということを表す。②の場合、Aは「動詞て形＋いる」を、Bには無意志動詞を使うことが多い。

Used in the pattern AうちにB, this indicates: ① B is performed while A continues (1 2), or ② B is a change that occurs naturally or unconsciously during A (3). In many cases of ②, [*te*-form of verb + いる] is used for A, and a non-volitional verb is used for B. ／「Aうちに B」这个形式有①②两个意思。①表示在事情A持续的时间里做事情B（1 2），②在做事情A的过程中，事情B很自然地或是无意识地发生了变化（3）。在意思②的情况下，事情A要用「动词て形 + いる」，而事情B往往使用非意志动词。／Bảng mẫu câu "AうちにB", diễn tả ① Trong lúc A đang tiếp diễn thì làm B, như câu (1 2), hoặc ② Trong lúc A thì tự nhiên hoặc không cố ý mà sự thay đổi B xảy ra, như câu (3). Trường hợp ② thì A thường sử dụng "động từ thể て + いる", còn B thì dùng động từ không ý chí.

確認しよう

正しいほうを選びなさい。

1. （ 忘れる ・ 忘れない ）うちにメモをとります。

2. 先生の説明（ の ・ を聞いている ）うちに、寝てしまった。

書いてみよう

＿＿＿＿＿＿＿＿＿＿に言葉を入れて、文を完成させなさい。

1. ＿＿＿＿＿＿＿＿＿＿＿＿＿＿＿＿＿＿＿うちに、たくさん勉強したいです。

2. 父が＿＿＿＿＿＿＿＿＿＿＿＿＿＿＿＿うちに、いろいろな場所へ連れて行きたいです。

3. ＿＿＿＿＿＿＿＿＿＿＿＿＿＿＿＿＿＿＿＿＿＿＿＿＿うちに家に帰りましょう。

4. セールの商品がなくならないうちに、＿＿＿＿＿＿＿＿＿＿＿＿＿＿＿＿＿＿。

5. 難しい本を＿＿＿＿＿＿＿＿＿＿＿＿＿＿＿＿＿＿＿うちに、頭が痛くなってしまった。

6. 暇なうちに＿＿＿＿＿＿＿＿＿＿＿＿＿＿＿＿＿＿＿＿＿＿＿。

7. ＿＿＿＿＿＿＿＿＿＿＿＿＿＿＿＿うちに＿＿＿＿＿＿＿＿＿＿＿＿＿＿＿＿＿＿。

📋 **例文**

① 日本で働くために、日本語の勉強を頑張ります。

② 電車が止まったため、アルバイトに遅刻してしまった。

③ 親のために、家を買いたいです。

 **使い方**

① Vる
　Nの
② 普
　*なAな
　*Nの
③ Nの

➕ ために
　　ため

「Aために B」の形で、①Aの目的を持ってBをする（①）、②Aが原因・理由でBになる（②）、③Aの利益になると考えてBをする（③）という意味を表す。

Used in the pattern AためにB, this indicates: ① B is performed for the purpose of A (①), ② B is a result or consequence of A (②), or ③ B is performed for the benefit of B (③). ／「AためにB」这个形式有①②③三个意思。①带着A这个目的来做事情B(①)，②因为事情A的原因，导致了事情B的发生 (②)，③做B这件事情是为了A，这件事情往往会给A带来好处或产生利益(③)。／ Bằng mẫu câu "Aため にB", diễn tả ý nghĩa ① Làm B với mục đích A, như câu (①), hoặc ② Vì A là nguyên nhân, lý do mà trở nên B, như câu (②), hoặc ③ Nghĩ đến lợi ích của A để làm B, như câu (③).

確認しよう

正しいものを選びなさい。

1．試験に（　合格する　・　合格できる　）ために、毎日勉強しています。

2．（　事故な　・　事故だ　・　事故の　）ために、道が渋滞している。

書いてみよう

＿＿＿＿＿＿＿＿に言葉を入れて、文を完成させなさい。

1．＿＿＿＿＿＿＿＿＿＿＿＿＿＿＿ために、日本語学校で勉強しています。

2．恋人のために、＿＿＿＿＿＿＿＿＿＿＿＿＿＿＿を買います。

3．海外旅行をするために、＿＿＿＿＿＿＿＿＿＿＿＿＿＿＿。

4．結婚するために、＿＿＿＿＿＿＿＿＿＿＿＿＿＿＿。

5．大雪のために、＿＿＿＿＿＿＿＿＿＿＿＿＿＿＿。

6．＿＿＿＿＿＿＿＿＿＿＿＿＿＿＿ため、試験が受けられなかった。

7．＿＿＿＿＿＿＿＿＿＿＿＿＿＿＿しまったために、うちに帰れなかった。

8．＿＿＿＿＿＿＿＿＿＿＿ために、＿＿＿＿＿＿＿＿＿＿＿＿＿＿＿。

4 べき

📅 ＿＿＿月＿＿＿日

📄 例文

① 約束は守るべきだ。

② 学生は勉強すべきだ。

③ 人の悪口は言うべきではないと思う。

☝ 使い方

「～しなければならない」「一般的に考えて、～するのが正しい」のような、個人的な意見を強く言いたい時に使う。一般的な規則や法律について言う時には使わない。動詞「する」は「するべき」「すべき」の2つの形がある。

This expresses that something must or should be done. It is used to strongly convey the speaker's personal opinion, and is not used when talking about general rules, laws, etc. The verb する can take either of two forms: するべき and すべき. ／有像"必须要做这件事""用一般常理思考，做这件事是正确的"这样的意思，常用在强烈表达自己的意见的时候。不用在表达一般的规定以及法律等情况。动词"する"有"するべき""すべき"这两种形式。／Sử dụng khi muốn nhấn mạnh ý kiến cá nhân như "phải làm ~", "nghĩ theo lối thông thường thì làm ~ là đúng". Không sử dụng khi nói về quy định thông thường hay pháp luật. Động từ "する" có 2 hình thức là "するべき", "すべき".

確認しよう

正しいほうを選びなさい。

1．教師は学生に（　公平な　・　公平である　）べきだ。

2．N3に合格したいなら、もっと（　努力す　・　努力し　）べきだ。

書いてみよう

＿＿＿＿＿＿＿に言葉を入れて、文を完成させなさい。

1．一人で悩まないで、親に＿＿＿＿＿＿＿＿＿＿＿＿＿＿＿＿＿べきだ。

2．友達でも＿＿＿＿＿＿＿＿＿＿＿＿＿＿＿＿＿＿べきではないと思う。

3．教師は学生に優しくあるべきか、＿＿＿＿＿＿＿＿＿＿＿＿＿あるべきか意見が分かれる。

4．彼は「仕事も大事だが、＿＿＿＿＿＿＿＿＿＿＿＿＿＿べきだ」と言った。

5．店長は新人に＿＿＿＿＿＿＿＿＿＿＿＿＿＿＿＿＿べきだ。

6．いつまでも健康でいたいなら、＿＿＿＿＿＿＿＿＿＿＿＿＿べきではない。

7．＿＿＿＿＿＿＿＿＿＿＿＿＿＿＿ら、＿＿＿＿＿＿＿＿＿＿＿＿＿べきだ。

8．＿＿＿＿＿＿＿＿＿＿＿＿＿＿＿＿＿＿＿＿＿＿＿べきだと思います。

5 とともに

📋 例文

1 部長とともに会議に出席した。
2 日の出とともに出発しましょう。
3 年をとるとともに、体力が落ちる人が多い。

👆 使い方

① N
② Vる ⊕ とともに
　 N

「AとともにB」の形で、①Aと一緒にBをする(1)、②Aと同時にBをする／Bになる(2 3)という意味を表す。

Used in the pattern AとともにB, this indicates: ① B is performed together with A (1), or ② B is performed/occurs at the time A happens (2 3). ／「AとともにB」这个形式有①②两个意思。①跟A一起做事情B (1), ②跟A同时做事情B或伴随着A会发生事情B (2 3)。／Bảng mẫu câu "AとともにB", diễn tả ý ① Làm B cùng với A, như câu (1), ② Làm B / Trở thành B cùng lúc với A, như câu (2 3).

確認しよう

正しいほうを選びなさい。
1．人は（　自然　・　自然な　）とともに、生きていかなければならない。
2．国際化が（　進む　・　進んでいる　）とともに、さまざまな問題が生じる。

書いてみよう

＿＿＿＿＿＿＿＿＿に言葉を入れて、文を完成させなさい。

1．夏休みはケンさんとともに＿＿＿＿＿＿＿＿＿＿＿＿＿＿＿＿＿＿＿＿＿＿＿＿＿＿。

2．台風の接近とともに＿＿＿＿＿＿＿＿＿＿＿＿＿＿＿＿＿＿＿＿＿＿なった。

3．日本語を勉強するとともに＿＿＿＿＿＿＿＿＿＿＿＿＿＿＿＿＿＿＿＿＿。

4．仕事に慣れるとともに、＿＿＿＿＿＿＿＿＿＿＿＿＿＿＿＿＿＿＿＿＿。

5．漢字が＿＿＿＿＿＿＿＿＿＿＿＿＿＿＿＿とともに、本を読むのが速くなった。

6．＿＿＿＿＿＿＿＿＿＿＿＿＿＿＿＿＿＿＿とともに、日本の生活が楽しくなった。

7．アルバイトの＿＿＿＿＿＿＿＿＿＿＿＿＿とともに、＿＿＿＿＿＿＿＿＿＿＿＿＿＿＿。

8．＿＿＿＿＿＿＿＿＿＿＿＿＿＿とともに、＿＿＿＿＿＿＿＿＿＿＿＿＿＿＿＿＿。

6 といっても

 ＿＿＿月＿＿＿日

例文

1. 宝くじに当たったといっても、300円だけです。
2. 彼は社長だといっても、スタッフが2人だけの小さい会社の社長です。
3. 明日は寒いといっても、15度ぐらいなので、コートは必要ないと思います。

使い方

普
*なA (だ)
*N (だ) ＋ といっても

「AといってもB」の形で、Aは確かに本当だが、もっと正確に言うとBで、あなたがイメージしているほどのレベルではないという意味を表す。

Used in the pattern AといってもB, this indicates that while A holds true, in a stricter sense it is not at the level or extent perceived by the listener.／「AといってもB」这个形式表示"虽然事情A确实是真的，但是更想强调的是事情B，因为事情A并不是你想象的那种程度"的意思。／Bằng mẫu câu "AといってもB", diễn tả ý nghĩa A đúng là thật nhưng nếu nói chính xác hơn thì là B và không ở mức độ mà bạn hình dung.

確認しよう

正しいほうを選びなさい。

1. 車を買ったといっても、（ 中古車 ・ 新車 ）です。
2. 私は中国語がわかります。わかるといっても、（ 挨拶だけです ・ 仕事で使っています ）が。

書いてみよう

＿＿＿＿＿＿に言葉を入れて、文を完成させなさい。

1. 旅行に行くといっても、＿＿＿＿＿＿＿＿＿＿＿＿＿＿＿＿＿＿です。

2. 彼はN1に合格しているといっても、＿＿＿＿＿＿＿＿＿＿＿＿＿＿＿＿＿。

3. 料理ができるといっても、＿＿＿＿＿＿＿＿＿＿＿＿＿＿＿＿＿。

4. 新しいパソコンを買いました。＿＿＿＿＿＿＿＿＿＿＿といっても、去年のモデルですが。

5. ＿＿＿＿＿＿＿＿＿＿＿＿＿といっても、ただの風邪ですから心配しないでください。

6. テレビに映ったといっても、＿＿＿＿＿＿＿＿＿＿＿＿＿＿＿＿＿＿＿＿。

7. お酒が＿＿＿＿＿＿＿＿＿＿といっても、＿＿＿＿＿＿＿＿＿＿＿＿＿＿＿。

8. ＿＿＿＿＿＿＿＿＿＿＿といっても、＿＿＿＿＿＿＿＿＿＿＿＿＿＿＿＿＿。

問題1 **読解（内容理解 - 短文 Comprehension - Short passages）**

つぎの(1)と(2)の文章を読んで、質問に答えなさい。答えは、1・2・3・4から最もよいものを一つえらびなさい。

(1)

これは、アメリカ人の留学生ケンさんが書いた作文である。

将来の夢

ケン　ジョンソン

　僕の夢は建築家になることだ。その夢をかなえる**ために**、日本の大学で建築を学びたいと思っている。

　アメリカの高校を卒業した後、アメリカの大学に進学して建築を学ぶ**つもり**だった。しかし、ある日、日本の伝統的な木造建築を紹介するテレビ番組を見て、そのすばらしさに感動してから、どうしても日本に行ってみたくなった。父はそんな僕を見て、日本への留学を勧めてくれた。

　今は、日本の大学に入る**ために**、日本語学校で日本語を勉強している。もうすぐ日本に来て半年になるが、日本の生活は大変なことが多く、ときどきアメリカに帰りたくなることもある。しかし、一度決めたことを途中で投げ出す**べき**ではないと思う。夢をかなえるまで、あきらめないで頑張る**つもり**だ。

---

1 この文章からわかることは何か。

1　ケンさんはアメリカの大学に進学できなかった。

2　ケンさんは半年前から日本に留学している。

3　ケンさんは父親から日本の建築技術の高さについて聞いた。

4　ケンさんは日本の大学で建築技術を学んでいる。

(2)

これは、ルイさんが同じ学校のケンさんに送ったメッセージである。

ルイ

> 今度の週末、一緒に秋葉原へ行かない？　どうしても発売日当日に手に入れたいフィギュアがあるんだよ。
> とても人気がある商品だから、発売とともに売り切れてしまうと思うんだ。だから、前日の土曜日から並ぼうと思ってる。今から並ぶのが楽しみだよ！　といっても、一人じゃ寂しいから……。一緒に並んでくれたら嬉しいな。
> 明日、学校にいるうちにいろいろ相談したいことがあるから、授業が終わったら教室で待ってて。

1 商品の発売はいつか。

1　昨日

2　明日

3　今度の土曜日

4　今度の日曜日

つぎの文の（　　　）に入れるのに最もよいものを、1・2・3・4から一つえらびなさい。

1 明日は海へ（　　　）つもりだったが、風邪をひいて行けなくなってしまった。

1 行き　　　　　　2 行く　　　　　　3 行って　　　　　4 行こう

2 私は、子どもは外で（　　　）だと思う。

1 遊びたい　　　　2 遊ぼう　　　　　3 遊ぶべき　　　　4 遊べるのか

3 家を建てる（　　　）にお金を貯めている。

1 よう　　　　　　2 ため　　　　　　3 はず　　　　　　4 べき

4 先生が教室に（　　　）うちに、友達の宿題を写したが、先生に見つかって怒られた。

1 来る　　　　　　2 来ない　　　　　3 来ている　　　　4 来ていない

5 強風の（　　　）、電車が止まってしまった。

1 ほうで　　　　　2 ために　　　　　3 つもりで　　　　4 うちに

6 トゥオイ 「ロンさんすごいね！ N3に合格したんだって？」
　　ロン　　 「合格した（　　　）ぎりぎりだよ。」

1 といって　　　　2 といっても　　　3 といえば　　　　4 といったら

7 バヤル 「ヴィさん、それはデートに遅れたヴィさんが悪いよ。早く（　　　）べきだよ。」
　　ヴィ　 「そうだね。今晩、あやまるよ。」

1 あやまり　　　　2 あやまる　　　　3 あやまって　　　4 あやまろう

8 安藤　 「八木さん、明日の会議に誰が参加しますか。」
　　八木　 「私が北村さんとともに（　　　）。」

1 出席したはずです　　　　　　　　2 出席したかもしれません

3 出席するつもりです　　　　　　　4 出席させます

問題3　文法（文の組み立て　Sentence composition）

つぎの文の　＿★＿　に入る最もよいものを、1・2・3・4から一つえらびなさい。

1 夏休みで ＿＿＿＿　＿＿＿＿　＿★＿　＿＿＿＿ と思っている。
1　旅してみたい　　　　2　世界中を　　　　　3　うちに　　　　　4　時間がある

2 彼は、まだ ＿＿＿＿　＿★＿　＿＿＿＿　＿＿＿＿ あげた。
1　本を読んで　　　　2　子どものために　　3　字が　　　　　4　読めない

3 耳が ＿＿＿＿　＿＿＿＿　＿★＿　＿＿＿＿ そうだ。
1　声が　　　　　2　悪くなる　　　　3　大きくなる　　　　4　とともに

4 困っている人を見かけたら、＿＿＿＿　＿★＿　＿＿＿＿　＿＿＿＿ のは難しい。
1　とわかっているが　　　　　　　　　2　助ける
3　実行する　　　　　　　　　　　　　4　べきだ

5 私は ＿＿＿＿　＿＿＿＿　＿★＿　＿＿＿＿ ようだ。
1　彼女は　　　　2　それが嫌だった　　3　アドバイスした　　4　つもりだったが

6 メールの ＿＿＿＿　＿★＿　＿＿＿＿　＿＿＿＿ した。
1　人が減少　　　　2　普及　　　　　3　電話をかける　　　4　とともに

7 早水　「鈴木さん、来月海外旅行に行くんだよね？」
　　鈴木　「ええ、＿＿＿＿　＿＿＿＿　＿★＿　＿＿＿＿ ですけどね。」
1　近い国　　　　　　　　　　　　　2　飛行機で2時間の
3　海外旅行　　　　　　　　　　　　4　といっても

8 野本　「金田さん、どうしてバーベキューは中止になったんですか。」
　　金田　「先週の ＿＿＿＿　＿★＿　＿＿＿＿　＿＿＿＿ しまったんです。」
1　使えなくなって　　　2　台風で　　　　3　木が倒れた　　　　4　ために会場が

まず質問を聞いてください。それから話を聞いて、問題用紙の1から4の中から、最もよいものを一つえらんでください。

♪ N3-1

   1　やさいでスープを作る

   2　スープのしゃしんをとる

   3　スープをはこぶ

   4　テーブルをきれいにする

まず文を聞いてください。それから、そのへんじを聞いて、1から3の中から、最もよいものを一つえらんでください。

1	♪ N3-2	1	2	3
2	♪ N3-3	1	2	3
3	♪ N3-4	1	2	3
4	♪ N3-5	1	2	3
5	♪ N3-6	1	2	3
6	♪ N3-7	1	2	3

第2課

単語 文法の練習に出てくる難しい単語の意味を確認しましょう。

名詞
めいし

□ 教員 きょういん	teachers	教师	giáo viên
□ 契約書 けいやくしょ	contract	签约，合同	bản hợp đồng
□ 高度 こうど	altitude	高度	cao độ
□ サイン	signature	签名	chữ ký

動詞
どうし

□ 言い訳（する） いわけ	excuse; make an excuse	借口（把…当借口）	lời biện hộ; phân trần
□ 経営（する） けいえい	business management; manage (a business)	经营	sự quản trị; kinh doanh
□ 研修（する） けんしゅう	training; undergo training	研修	chuyến thực tập; thực tập
□ 指示（する） しじ	instruction; instruct	指示（指示做…）	chỉ thị; ra chỉ thị
□ 増加（する） ぞうか	increase	…的增加（增加…）	sự gia tăng; gia tăng
□ 近づく ちか	approach	接近，靠近	đến gần
□ 判断（する） はんだん	decision, judgment; decide, judge	判断	sự phán đoán; đánh giá, quyết định

副詞
ふくし

□ 実際に じっさい	actually	实际上	thực tế
□ 二度と にど	again	再也…，（不会有）第二次	lần thứ hai

📋 例文

① どの大学に行くかは、親に相談してからでないと決められない。

② 店長に許可をもらってからでなければ、アルバイトは休めない。

③ スポーツをするときは、準備運動をしてからでないと、けがをするよ。

👆 使い方

Vて ➕ からでないと / からでなければ	「AからでないとB」の形で、Aをしないと Bができない（①②）、Aをしないと 好ましくない事態Bになる（③）ということを表す。

Used in the pattern AからでないとB, this indicates that B cannot occur unless A is performed (①②), or an undesirable situation (B) will occur unless A is performed (③).／「AからでないとB」 这个形式表示如果不做事情A就很难实现事情B（①②），或者如果不做事情A就很容易招致B这个不好的事情（③）。／ Bảng mẫu câu "AからでないとB", diễn tả ý nghĩa nếu không làm A thì không thể làm B, như câu (①②), hoặc nếu không làm A thì sẽ xảy ra sự việc (B) không mong đợi, như câu (③).

確認しよう

正しいほうを選びなさい。

1. 契約書をよく（ 読んでから ・ 読んでからでないと ）サインしました。

2. 仕事が（ 決まってから ・ 決まってからでなければ ）引っ越しできません。

書いてみよう

_____に言葉を入れて、文を完成させなさい。

1. 食事を_____からでないと、この薬は飲めません。

2. 服は、実際に_____からでなければ、買いません。

3. 詳しく_____からでないと、判断できません。

4. 研修を受けてからでなければ、_____。

5. 店長に確認してからでないと、_____。

6. 説明会は_____からでなければ、参加できません。

7. 社長には_____からでないと、会うことはできません。

8. _____からでなければ、_____。

8 ことにする

 例文

① 明日はテストなので、今晩パーティーに行くかどうか迷っていたが、行くことにした。
② 健康のためにタバコをやめることにした。
③ けんかをして彼女が大嫌いになった。だから、もう二度と彼女に会わないことにした。

 使い方

Vる／Vない ➕ ことにする　何かをする決心や決意を表す。

This expresses a decision or resolution to do something. ／表示在做某件事情时的决心或者决定。／Diễn tả sự quyết tâm, quyết chí làm điều gì đó.

確認しよう

正しいほうを選びなさい。
1．今度の日曜日は家でゆっくり（ 寝る ・ 寝るの ）ことにする。
2．熱があるので、学校を（ 休む ・ 休まない ）ことにした。

書いてみよう

＿＿＿＿＿＿に言葉を入れて、文を完成させなさい。

1．アルバイトを＿＿＿＿＿＿＿＿＿＿＿＿＿＿ことにしたが、そのことをまだ誰にも話していない。

2．日本語学校を卒業した後は＿＿＿＿＿＿＿＿＿＿＿＿＿＿＿ことにした。

3．お酒を飲みすぎて失敗してしまった。もう＿＿＿＿＿＿＿＿＿＿＿＿＿ことにする。

4．＿＿＿＿＿＿＿＿＿＿＿＿＿＿ことにしたので、毎日3時間勉強している。

5．ずっと国へ帰っていないので、＿＿＿＿＿＿＿＿＿＿＿＿＿＿＿ことにしました。

6．＿＿＿＿＿＿＿＿＿＿＿＿＿＿ので、運動を始めることにした。

7．夏休みは＿＿＿＿＿＿＿＿＿＿＿＿ことにしたので、今からお金を貯めないといけません。

8．＿＿＿＿＿＿＿＿＿＿＿＿＿ので、＿＿＿＿＿＿＿＿＿＿＿＿＿ことにした。

9 てくる

📋 例文

1 子どもの頃からピアノの練習を続けてきた。
2 雲の間から太陽が出てくると、明るくなった。
3 ご飯を食べたら、だんだん眠くなってきた。

👆 使い方

| Vて | ➕ くる | 過去から現在まで変化や行為が続いている（1）、今までなかったものが現れる（2）、変化が生まれる（3）ということを表す。 |

This indicates that some state or action initiated in the past has continued to the present (1), something not present/visible until now appears (2), or a change occurs (3)／表示从过去到现在的一些变化或行为的继续（1），至今为止没有的事情的出现（2），以及发生的变化（3）。／Diễn tả sự thay đổi hay hành vi tiếp diễn từ quá khứ đến hiện tại, như câu (1); xuất hiện thứ chưa từng có cho đến giờ, như câu (2); hay sự thay đổi được sinh ra, như câu (3).

確認しよう

正しいほうを選びなさい。

1. エアコンをつけたので、部屋が暖かく（ なり ・ なって ）きた。
2. 彼は一生懸命頑張って（ くる ・ きた ）から、夢をかなえられた。

書いてみよう

＿＿＿＿＿＿に言葉を入れて、文を完成させなさい。

1. 子どもの頃から＿＿＿＿＿＿＿＿＿＿＿＿＿＿＿＿＿＿＿＿きました。

2. この店は100年も＿＿＿＿＿＿＿＿＿＿＿＿＿＿＿＿＿＿きた。

3. 新幹線の窓から遠くに山が＿＿＿＿＿＿＿＿＿＿＿＿＿＿＿＿＿きた。

4. やっと桜の花が＿＿＿＿＿＿＿＿＿＿＿＿＿＿＿＿＿＿＿＿きた。

5. テストが難しくて＿＿＿＿＿＿＿＿＿＿＿＿＿＿＿＿＿＿＿きた。

6. 最近ダイエットをしているので、少し＿＿＿＿＿＿＿＿＿＿＿＿＿＿きた。

7. ＿＿＿＿＿＿＿＿＿＿＿＿＿＿＿＿＿きたので、私は絶対にN3に合格できるはずだ。

8. 最近＿＿＿＿＿＿＿＿＿＿＿＿＿＿＿＿＿＿＿＿＿＿＿＿＿きた。

10 ていく

 ＿＿＿月＿＿＿日

📋 例文

① 結婚しても仕事を続け**ていき**たいです。

② 日本語の勉強は難しくなっ**ていき**ますが、頑張りましょう。

③ 今は辛くても、時間が経てば、思い出に変わっ**ていき**ますよ。

☝ 使い方

[Vて] ➕ いく　ある時点から先に向かって変化や行為が続くことを表す。

This expresses that a change or action will continue from a certain time on into the future. ／表示从某个时间点开始，某种变化的发生或是某种行为的继续。／Diễn tả sự thay đổi hay hành vi tiếp diễn từ một thời điểm và hướng đến tương lai.

確認しよう

正しいほうを選びなさい。

1．この会社で、これからも（　頑張って　・　頑張ろう　）いこうと思っている。

2．来年国へ帰っても、日本語の勉強を続けて（　いきました　・　いきます　）。

書いてみよう

＿＿＿＿＿＿＿＿＿＿に言葉を入れて、文を完成させなさい。

1．大学院でこのテーマについて＿＿＿＿＿＿＿＿＿＿＿＿＿＿＿いくつもりです。

2．頑張れば成績は＿＿＿＿＿＿＿＿＿＿＿＿＿＿＿いくはずですよ。

3．友達ができると、＿＿＿＿＿＿＿＿＿＿＿＿＿＿＿＿＿＿いくと思いますよ。

4．一つずつ問題を＿＿＿＿＿＿＿＿＿＿＿＿＿＿＿＿＿いこうと思っています。

5．店長が厳しすぎて、みんな＿＿＿＿＿＿＿＿＿＿＿＿＿＿＿＿＿＿＿いった。

6．日本で就職して、＿＿＿＿＿＿＿＿＿＿＿＿＿＿＿＿＿＿＿＿＿いこうと思っている。

7．町に新しい建物が増えて、＿＿＿＿＿＿＿＿＿＿＿＿＿＿＿＿＿＿＿＿＿＿＿いった。

8．＿＿＿＿＿＿＿＿＿＿＿＿＿＿＿＿＿ので、これからも＿＿＿＿＿＿＿＿＿＿＿＿＿＿＿いくつもりです。

📋 例文

1. 調査が進むにしたがって、事故の原因がわかってきた。
2. 車の増加にしたがい、問題も増えた。
3. 地震のときは、先生の指示にしたがって、建物の外に逃げましょう。

👆 使い方

① Vる
② N
＋
にしたがって
にしたがい

「AにしたがってB」で、①Aの変化によってBの変化が起きることや（① ②）、②Aの命令や指示の通りにBをするということを表す（③）。

Used in the pattern AにしたがってB, this indicates: ① change B occurs due to change A (① ②), or ② perform B in accordance with orders/instructions given by A (③). ／「AにしたがってB」这个形式有①②两个意思。①表示随着事情A的变化，事情B也会跟着发生变化（① ②），②要按照A的命令或者指示来做事情B（③）。／Bảng mẫu câu "AにしたがってB", diễn tả ① Do sự thay đổi của A mà xảy ra sự thay đổi của B, như câu (① ②), hoặc ② Làm B theo mệnh lệnh hay chỉ thị của A, như câu (③).

確認しよう

正しいほうを選びなさい。
1. 飛行機の高度が上がるにしたがって、（ 怖かった ・ 怖くなってきた ）。
2. 学校の（ 規則 ・ 規則だ ）にしたがって行動してください。

書いてみよう

＿＿＿＿＿＿に言葉を入れて、文を完成させなさい。

1. 日本語が＿＿＿＿＿＿＿＿＿＿＿＿＿＿にしたがって、日本の生活が楽しくなってきた。

2. 暗くなるにしたがって、だんだん＿＿＿＿＿＿＿＿＿＿＿＿＿＿＿。

3. 先生の＿＿＿＿＿＿＿＿＿＿＿＿にしたがい、進学先を決めた。

4. 携帯電話の普及にしたがって＿＿＿＿＿＿＿＿＿＿＿＿＿＿＿＿。

5. 試験日が近づくにしたがって、＿＿＿＿＿＿＿＿＿＿＿＿＿＿＿。

6. ＿＿＿＿＿＿＿＿＿＿＿＿＿＿＿にしたがい、教員数も減少している。

7. 会社が＿＿＿＿＿＿＿＿＿＿＿にしたがって、＿＿＿＿＿＿＿＿＿＿＿。

8. 時が経つにしたがって、＿＿＿＿＿＿＿＿＿＿＿＿＿＿＿＿＿。

12 について

 ＿＿＿＿月＿＿＿＿日

📄 例文

① 今から試験について説明します。
② 環境問題について調べることにした。
③ 経営についての本を読みました。

👆 使い方

N ➕ について
についての N

「AについてB」で、Bで話したり考えたりするトピックAを示す。「Aに関係することを」という意味。丁寧な言い方の時は「につきまして」を使う。

Used in the pattern AについてB, this indicates that A is the topic discussed or examined in action B. It means "about A" or "regarding A." In polite speech, the form につきまして is used.／「Aについて B」表示在B这里要说或者要思考的话题。表示这个事情或话题是"跟A相关"的。在比较正式的场合会用「につきまして」。／Diễn tả đề tài nói hay suy nghĩ qua B bằng "AについてB". Có nghĩa là "việc liên quan đến A". Cách nói lịch sự thì dùng "につきまして".

確認しよう

正しいほうを選びなさい。
1. 宇宙 （ について ・ についての ） 本を買ってきた。
2. 進学 （ について ・ についての ） 友達と話した。

書いてみよう

＿＿＿＿＿＿＿に言葉を入れて、文を完成させなさい。

1. 来週、クラスで＿＿＿＿＿＿＿＿＿＿＿＿について発表することになった。

2. アルバイト先の店長に来月の＿＿＿＿＿＿＿＿＿＿＿＿＿について相談をした。

3. 彼は＿＿＿＿＿＿＿＿＿について、言い訳をはじめた。

4. その本は、＿＿＿＿＿＿＿＿＿について詳しく書かれている。

5. ＿＿＿＿＿＿＿＿＿＿＿につきましては、後ほどご説明させていただきます。

6. 面接で＿＿＿＿＿＿＿＿＿についても＿＿＿＿＿＿＿＿＿＿＿＿＿＿。

7. ＿＿＿＿＿＿＿＿＿について、＿＿＿＿＿＿＿＿＿＿＿＿＿＿＿。

8. ＿＿＿＿＿＿＿＿＿についての＿＿＿＿＿＿＿＿＿＿＿＿＿＿。

問題1 読解（内容理解 - 短文 Comprehension - Short passages）

つぎの(1)と(2)の文章を読んで、質問に答えなさい。答えは、1・2・3・4から最もよいものを一つえらびなさい。

(1)

これはケンさんが日本語学校の先生に送ったメールである。

宛　先　：yamashita.nihongo-go-go@xxxxx.net
送信日時：20XX年5月16日　18:00
件　名　：進学について

山下先生

いつもお世話になっております。

進学についてご相談したいことがあるのですが、今週の木曜日か金曜日の授業の後、30分程度お時間をいただけないでしょうか。
私は日本語学校を卒業したら、日本の大学で建築の勉強がしたいと思っています。
先輩のアドバイスにしたがって、建築が学べる大学を調べてみましたが、たくさんあって、どの大学が自分に合っているのかわかりませんでした。
それに、N2に合格してからでないと受験できない大学や、先生の推薦状が必要な大学などもあるので、今からしておくべき準備についても教えていただきたいと思っています。

よろしくお願いいたします。

ケン　ジョンソン

---

1 このメールからわかることは何か。
　1　ケンさんは先輩と同じ大学で建築の勉強をするつもりだ。
　2　ケンさんは行きたい大学がないので先生に相談したいと思っている。
　3　ケンさんはどの大学で建築の勉強ができるのかわからない。
　4　ケンさんは何をしておかなければならないか先生に聞くつもりだ。

(2)

これは日本語学校の先生がケンさんに返したメールである。

宛　先　：kenken_j@xxxxx.com
送信日時：20XX年　5月16日　20:00
件　名　：Re: 進学について
_____

ケンさん

メールを確認しました。
今週は忙しくて時間がないので、面談は来週どうですか。
月曜日か水曜日なら、授業の後で時間がありますよ。
ケンさんはやはり、建築の勉強をすることにしたのですね。
これまでケンさんが調べてきた大学の資料などがあれば、来週持ってきてください。
これから進学の準備で忙しくなっていきますが、一緒に頑張りましょう。

山下

1 このメールからわかることは何か。
1 山下先生は、今週は忙しくて面談ができない。
2 山下先生は、月曜日と水曜日ならいつでも面談ができる。
3 ケンさんは、行きたい大学の資料を持っていかなければならない。
4 ケンさんは、来週の月曜日と木曜日に山下先生と面談をする。

つぎの文の（　　　）に入れるのに最もよいものを、1・2・3・4から一つえらびなさい。

1 では、スポーツ大会（　　　）ついて説明します。

1　の　　　　　　　2　を　　　　　　　3　に　　　　　　　4　で

2 契約の内容をよく（　　　）からでないとサインできません。

1　確認する　　　　2　確認して　　　　3　確認すれば　　　4　確認したら

3 よく考えて、恋人と別れる（　　　）にした。

1　もの　　　　　　2　の　　　　　　　3　そう　　　　　　4　こと

4 係りの（　　　）したがって避難してください。

1　指示に　　　　　2　指示の　　　　　3　指示だ　　　　　4　指示から

5 薬を飲んだら、熱が（　　　）きた。

1　下がり　　　　　2　下がれ　　　　　3　下がって　　　　4　下がろう

6 辻井　「たくさん歩いたから（　　　）ね。どこかで休みたいな。」
　　立花　「そうだね。じゃあ、あの喫茶店に入ろうよ。」

1　疲れていった　　2　疲れてきた　　　3　疲れていない　　4　疲れていた

7 （友達とバーベキュー場で）

　　みつこ　「ゆきさん、このラム肉もう食べられる？」

　　ゆき　　「もう少し焼いてからでないと（　　　）と思うよ。」

1　食べる　　　　　2　食べられる　　　3　食べない　　　　4　食べられない

8 サム　　「ミレンさん、夏休みはどうするの？」

　　ミレン　「何年も家族に会っていないから、国へ（　　　）よ。」

1　お帰りになる　　　　　　　　　　　2　帰ることにした

3　帰らなくてもいい　　　　　　　　　4　帰るはずがない

問題3　文法（文の組み立て Sentence composition）

つぎの文の　★　に入る最もよいものを、1・2・3・4から一つえらびなさい。

1 突然 _____　★　_____ _____ しまった。

1　降って　　　　　2　困って　　　　　3　きて　　　　　4　雨が

2 先生に _____ _____　★　_____ ように言われた。

1　伝統文化　　　　2　自分の国の　　　3　についての　　　4　レポートを出す

3 父は _____　★　_____ _____ をやめた。

1　医者の　　　　　2　にしたがって　　3　酒　　　　　　　4　指示

4 店長に _____ _____　★　_____ からでないと、飲み会には参加できない。

1　仕事を　　　　　　　　　　　　2　もらって

3　許可を　　　　　　　　　　　　4　休む

5 彼は _____　★　_____ _____ 見ていた。

1　港から離れていく　2　乗せた船が　　　3　のを　　　　　4　恋人を

6 今夜は遊び _____ _____　★　_____ した。

1　行かないで　　　　2　試験勉強を　　　3　に　　　　　　4　することに

7 アソク　「ドルマさん、日本の生活はどうですか。」

ドルマ　「 _____　★　_____ _____ 食べ物には……。」

1　ずいぶん　　　　2　きましたが　　　3　なれて　　　　4　まだ

8 （職場で）

坂本　「後藤さん、仕事が終わったら飲みに行かない？」

後藤　「いいですね。でも、 _____ _____　★　_____ してしまいますよ。」

1　まとめてからでないと　　　　　　2　この資料を

3　少しお待たせ　　　　　　　　　　4　帰れないので

まず質問を聞いてください。そのあと、問題用紙を見てください。読む時間があります。それから話を聞いて、問題用紙の1から4の中から、最もよいものを一つえらんでください。

♪ N3-8

1　アルバイトがいそがしくて時間がないから
2　参加人数がわかっていないから
3　みんな行きたい店がちがうから
4　一人では店がえらべないから

まず文を聞いてください。それから、そのへんじを聞いて、1から3の中から、最もよいものを一つえらんでください。

1	♪ N3-9	1	2	3
2	♪ N3-10	1	2	3
3	♪ N3-11	1	2	3
4	♪ N3-12	1	2	3
5	♪ N3-13	1	2	3
6	♪ N3-14	1	2	3

第 3 課

単語 | 文法の練習に出てくる難しい単語の意味を確認しましょう。

名詞

☐ ＡＩ	AI (artificial intelligence)	人工智能	trí tuệ nhân tạo
☐ 育児	childrearing	育儿，看孩子	nuôi dạy trẻ
☐ 医療技術	medical technology	医疗技术	kỹ thuật y tế
☐ うわさ	rumor	传言，谣言	lời đồn
☐ 救助隊	rescue team	救援队	đội cứu trợ
☐ 苦情	complaint	抱怨，意见	than phiền
☐ 現代	modern	现代	hiện đại
☐ 光熱費	utility costs	照明燃气等燃料费	chi phí điện, ga
☐ 国会	the National Diet	国会	quốc hội
☐ 侍	samurai	武士	samurai
☐ 住民	resident	居民	cư dân
☐ 人生	life	人生	cuộc đời
☐ 人物	person, figure	人物	nhân vật
☐ 深夜	late at night, midnight	深夜	nửa đêm
☐ 報告書	report	报告	bản báo cáo
☐ 窓口	a contact, (consultation) service	窗口，咨询室	quầy

動詞

☐ 感じる	feel	感觉到，感受到	cảm nhận, cảm thấy
☐ 告白（する）	confession (of one's feelings, etc.); confess (one's feelings, etc.)	告白（跟…告白）	sự tỏ tình; tỏ tình
☐ 集中（する）	concentration; concentrate	集中精力（专心做…）	sự tập trung; tập trung
☐ 進歩（する）	progress; make progress	进步，进展（进步）	sự tiến bộ; tiến bộ
☐ 問い合わせる	inquire	咨询，询问	liên hệ
☐ 延びる	grow longer	延长	phát triển, kéo dài, giãn ra
☐ 発言（する）	remarks; speak	发言（说…）	lời nói; phát ngôn
☐ 変化（する）	change	变化（…发生变化）	sự thay đổi; thay đổi

13 ようとする

📝 例文

1 その犬は庭から出ようとしている。

2 いくら思い出そうとしても、思い出せない。

3 彼は彼女が好きなのに、なかなか彼女に告白しようとしない。

👆 使い方

| V(よ)う ➕ とする |

何かを実現するために試みたり、努力したりする様子を表す。否定形「ようとしない」は何かをする意志がないことを表す。

This expresses that an attempt or effort is made to accomplish something. The negative form, ようとしない, indicates a lack of will to do something. ／表示为了实现做某事而去尝试或者努力的行为。否定形式为「ようとしない」，表示没有做某事的意志倾向。／Diễn tả tình trạng thử làm hay nỗ lực để thực hiện điều gì đó. Thể phủ định "ようとしない" diễn tả việc không có ý chí làm điều gì đó.

確認しよう

正しいほうを選びなさい。

1. 彼は急いで（ 帰ろう ・ 帰る ）として、転んでしまった。

2. 彼女は試験が近づいているのに、勉強しようと（ している ・ しない ）。

書いてみよう

＿＿＿＿＿＿に言葉を入れて、文を完成させなさい。

1. お金を＿＿＿＿＿＿＿＿＿＿＿としたとき、財布を忘れたことに気がついた。

2. 友達に＿＿＿＿＿＿＿＿＿＿としたが、怒っていて全く話を聞いてくれなかった。

3. 子どもが＿＿＿＿＿＿＿＿＿＿＿＿＿＿としていたので、注意した。

4. 重い荷物を一人で運ぼうとして、＿＿＿＿＿＿＿＿＿＿＿＿＿＿＿＿。

5. 料理を作ろうとしたが、＿＿＿＿＿＿＿＿＿＿＿＿＿＿＿＿＿＿。

6. 彼は深夜12時を過ぎても、＿＿＿＿＿＿＿＿＿＿＿＿＿＿＿＿としない。

7. 美術館で＿＿＿＿＿＿＿＿＿として、係りの人に＿＿＿＿＿＿＿＿＿＿＿＿。

8. ＿＿＿＿＿＿＿＿＿としたけれど、＿＿＿＿＿＿＿＿＿＿＿＿＿＿＿。

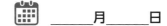

14 において

 例文

① 入学式は区民ホールにおいて行われた。

② 現代社会において、男性が育児をすることはめずらしいことではない。

③ この大学には、留学生活における悩みを相談できる窓口がある。

👆 使い方

| N ➕ において | 場所や時代や状況などを表す。フォーマルな場面で使われる。 |
| における N | |

This expresses a location, time, state, etc. It is used in formal situations. ／表示场所或者时代、情况等。通常用在比较正式的场合。／Diễn tả địa điểm, thời đại, tình hình v.v. Được sử dụng trong những tình huống trang trọng.

確認しよう

正しいほうを選びなさい。

1. 第一回オリンピックはギリシャ（　で　・　に　）おいて開かれた。

2. 国会における（　彼の発言が問題になっている　・　話し合われた　）。

書いてみよう

＿＿＿＿＿＿に言葉を入れて、文を完成させなさい。

1. 進学説明会はＡＢＣホールにおいて＿＿＿＿＿＿＿＿＿＿＿＿。

2. ＿＿＿＿＿＿＿＿＿は、現代の生活において、なくてはならないものになっている。

3. この侍は、＿＿＿＿＿＿＿＿における重要な人物だ。

4. 人生において一番大事なことは、＿＿＿＿＿＿＿＿＿＿と思います。

5. 私の国における外国語教育は、＿＿＿＿＿＿＿＿＿＿＿。

6. （バスの車内アナウンス）車内における＿＿＿＿＿＿＿＿はご遠慮ください。

7. ＿＿＿＿＿＿＿において＿＿＿＿＿＿＿＿＿＿。

8. ＿＿＿＿＿＿における＿＿＿＿＿＿は、＿＿＿＿＿＿＿＿＿。

📋 例文

1. 先輩が手伝ってくれた**おかげ**で、仕事が早く終わった。
2. 彼は救助隊の**おかげ**で、助かった。
3. 先生「試験はどうでしたか。」
   学生「**おかげさまで**、合格できました。」

👆 使い方

「Aおかげでβ」の形で、Aが理由でいい結果（B）になったことを表し、Aに対する感謝を表す。「おかげさまで」という相手への感謝を表す慣用的な表現もある（③）。

Used in the pattern AおかげでB, it indicates that B is a desirable result made possible by A, and conveys gratitude toward A. There is also the idiomatic expression おかげさまで, which is used to show appreciation to the listener. ／「Aおかげでβ」这个形式表示多亏了A，才有了B这样的一个好结果，因而对A表示感谢。常见惯用语有「おかげさまで」，表示对对方的感谢（③）。／Bằng mẫu câu "Aおかげでβ", diễn tả việc có kết quả tốt (B) nhờ lý do A, thể hiện lòng biết ơn đối với A. Còn có cách diễn đạt mang tính thành ngữ thể hiện lòng biết ơn với người kia là "おかげさまで", như câu (③).

確認しよう

正しいほうを選びなさい。

1. この問題集（ の ・ だ ）おかげで、試験に合格できました。
2. 近所にコンビニが（ できる ・ できた ）おかげで、生活が便利になりました。

書いてみよう

＿＿＿＿＿＿＿＿に言葉を入れて、文を完成させなさい。

1. ＿＿＿＿＿＿＿＿＿＿＿＿＿＿のおかげで、大学に行くことができます。

2. 今年の冬は＿＿＿＿＿＿＿＿＿＿＿＿おかげで、光熱費があまりかからない。

3. 友達が＿＿＿＿＿＿＿＿＿＿＿＿＿おかげで、楽しい旅行になった。

4. 先輩がアルバイトを＿＿＿＿＿＿＿＿＿＿＿おかげで、試験勉強に集中できた。

5. ＿＿＿＿＿＿＿＿＿＿＿＿＿のおかげで、＿＿＿＿＿＿＿＿＿＿＿＿＿が楽しい。

6. 一生懸命勉強したおかげで、＿＿＿＿＿＿＿＿＿＿＿＿＿＿＿＿＿＿＿＿＿。

7. ＿＿＿＿＿＿＿＿＿＿＿＿＿＿＿＿＿＿おかげで、恋人ができました。

8. ＿＿＿＿＿＿＿＿＿＿おかげで＿＿＿＿＿＿＿＿＿＿＿＿＿＿＿＿＿＿。

16 という

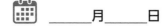 ＿＿＿＿月＿＿＿＿日

📋 例文

1. これはバラという花です。
2. 私は「上を向いて歩こう」という歌が好きだ。
3. 先生が結婚するという話を聞いた。

👆 使い方

① N
② 普
➕ という N

「AというB」の形で、①Aは聞き手が知らないと思われるBの名前や意味を表す（①②）。②話やニュース（B）などの内容（A）を説明する（③）。

Used in the pattern AというB, this is used when: ① the speaker assumes the listener is unfamiliar with A, and thus provides a descriptor or explanation for it in B, or ② the speaker conveys a certain piece of information (A) and wants to indicate the source or type of that information (B), such as a conversation or a news report. ／「AというB」这个形式有①②两个意思。①表示听话的人可能不知道的事情A的名字或者意思等（①②）。②说明事情B的具体内容是事情A，事情B往往是一些消息、新闻等（③）。／Bảng mẫu câu "AというB", ① A diễn tả tên hoặc ý nghĩa của B mà người nghe được cho là không biết, như câu (①②). ② Giải thích nội dung (A) của câu chuyện hoặc tin tức (B) v.v. như câu (③).

確認しよう

正しいほうを選びなさい。

1. 彼は（ 医者 ・ 医者という人 ）です。
2. 新しい店長は（ 親切だ ・ 親切な ）といううわさを聞いた。

書いてみよう

＿＿＿＿＿＿＿＿＿＿に言葉を入れて、文を完成させなさい。

1. 私が好きな歌は＿＿＿＿＿＿＿＿＿＿＿＿＿＿＿＿＿＿＿＿という歌です。

2. 友達が＿＿＿＿＿＿＿＿＿＿＿＿＿＿＿＿という料理を作ってくれた。

3. 学校から＿＿＿＿＿＿＿＿＿＿＿＿＿＿＿＿＿＿＿＿という連絡が来た。

4. ＿＿＿＿＿＿＿＿＿＿＿＿＿＿＿＿＿＿＿＿＿＿＿＿＿というニュースを見た。

5. ＿＿＿＿＿＿＿＿＿＿＿＿＿＿＿＿＿＿＿＿＿＿という約束を忘れてしまった。

6. ＿＿＿＿＿＿＿＿＿＿＿＿＿＿＿＿という＿＿＿＿＿＿＿＿＿＿＿＿＿に住んでいる。

7. ＿＿＿＿＿＿＿＿＿＿＿＿＿＿＿＿＿＿という＿＿＿＿＿＿＿＿＿＿を聞いた。

8. 彼は＿＿＿＿＿＿＿＿＿＿＿という＿＿＿＿＿＿＿＿＿＿＿＿＿＿＿＿＿＿＿＿＿。

 **例文**

1 時間が経つにつれて、新しい環境に慣れてきた。
2 日本語が上手になるにつれて、日本の生活が楽しくなってきた。
3 医療技術の進歩につれて、平均寿命が延びている。

使い方

（普）
*「なＡ な」
*「Ｎ の」　➕ につれて

「ＡにつれてＢ」の形で、Ａが変わると同時にＢも変わることを表す。ＡとＢには一方向に少しずつ変化することを表す言葉を使う。

Used in the pattern AにつれてB, this expresses that B changes as A changes. A and B take expressions indicating a change that gradually progresses in a single direction. ／「AにつれてB」这个形式表示，事情A在变化的同时，事情B也跟着一起变化。事情A跟事情B一般使用能表示在某一个方向上会渐渐变化的词语。／Bảng mẫu câu "AにつれてB", diễn tả việc nếu A thay đổi thì đồng thời B cũng thay đổi. A và B sử dụng từ diễn tả sự thay đổi từng chút một theo một hướng.

確認しよう

正しいほうを選びなさい。
1．卒業が（　近づく　・　近い　）につれて、寂しくなってきた。
2．（　大人になる　・　20歳になる　）につれて、いろいろなことができるようになる。

書いてみよう

＿＿＿＿＿＿＿＿＿に言葉を入れて、文を完成させなさい。

1．読める漢字が＿＿＿＿＿＿＿＿＿＿＿につれて、日本語の勉強が楽しくなってきた。

2．物価が＿＿＿＿＿＿＿＿＿＿＿につれて、生活が苦しくなった。

3．夜になるにつれて、＿＿＿＿＿＿＿＿＿＿＿＿＿＿＿＿＿＿＿。

4．時代の変化につれて、＿＿＿＿＿＿＿＿＿＿＿＿＿＿＿＿＿＿＿。

5．＿＿＿＿＿＿＿＿＿＿＿につれて、日本人の友達が増えました。

6．＿＿＿＿＿＿＿＿＿＿＿につれて、さまざまな問題が出てきた。

7．子どもが＿＿＿＿＿＿＿＿につれて、＿＿＿＿＿＿＿＿＿＿＿＿＿＿＿。

8．＿＿＿＿＿＿＿＿＿＿＿につれて、＿＿＿＿＿＿＿＿＿＿＿＿＿＿＿。

18 に関して

📅 ＿＿＿月＿＿＿日

📋 例文

① 警察はその事件に関して、まだ何も発表していない。
② 商品に関するアンケートに答えた。
③ 入学試験に関するご質問は、各学部にお問い合わせください。

👆 使い方

N ➕ に関して
　　　に関する N

「について (p.33)」と同じ意味で使われる。「について」よりも固い表現である。

This is used for the same meaning as について (p. 33), but is a more formal expression. ／用法跟「について (p.33)」相同，比「について」更生硬的一个表达方式。／Được sử dụng với ý nghĩa giống với "について (trang 33)". Là cách diễn đạt cứng nhắc hơn "について".

確認しよう

正しいほうを選びなさい。
1. 彼のアニメ（　に関する　・　に関して　）知識はすばらしい。
2. これは住民からの苦情（　に関して　・　に関する　）報告書です。

書いてみよう

＿＿＿＿＿＿＿に言葉を入れて、文を完成させなさい。

1. ＿＿＿＿＿＿＿＿＿＿＿＿＿＿＿＿に関して、わからないことを先生に質問した。

2. ＿＿＿＿＿＿＿＿＿＿＿＿＿＿＿＿に関して、レポートを書かなければならない。

3. ＿＿＿＿＿＿＿＿＿＿＿＿＿＿＿＿に関して、不安を感じている人は多い。

4. 先生は学生に＿＿＿＿＿＿＿＿＿＿＿＿＿＿に関するアンケートをとった。

5. この大学ではＡＩに関する＿＿＿＿＿＿＿＿＿＿＿＿＿＿＿＿＿＿＿＿＿＿＿。

6. 先生は日本語だけではなく日本の歴史に関しても＿＿＿＿＿＿＿＿＿＿＿＿＿＿＿＿＿。

7. この本には＿＿＿＿＿＿＿＿＿に関することが書かれているので、＿＿＿＿＿＿＿＿＿＿。

8. ＿＿＿＿＿＿＿＿＿＿に関しては、＿＿＿＿＿＿＿＿＿＿＿＿＿＿＿＿＿＿＿＿。

問題1　読解（内容理解 - 短文 Comprehension - Short passages）

つぎの（1）と（2）の文章を読んで、質問に答えなさい。答えは、1・2・3・4から最もよいものを一つえらびなさい。

（1）

これは、ケンさんが書いた日記である。

> 今日は、先月山下先生が教えてくださった「留学生進学フェア」という進学に関する説明会に行ってきた。
> その説明会には、事前に申し込みをしてからでないと参加できないので、何度もスマホで申し込みをしようとしたが、なかなかウェブサイトにつながらなかった。でも、クラスメートのルイが僕の分も申し込みをしてくれたおかげで、僕たちは一緒に参加することができた。
> 卒業が近づくにつれて、やらなければならないことが増えていくので大変だ。

1 　この文章からわかることは何か。
　1　山下先生はケンさんとルイさんを説明会に連れていった。
　2　ケンさんは山下先生に説明会の申し込みをしてもらった。
　3　ルイさんはケンさんの申し込みをしたが、自分は申し込まなかった。
　4　ケンさんとルイさんは一緒に説明会に参加した。

外国人留学生向け進学イベント「アクセス日本留学フェア」の様子（株式会社アクセスネクステージ主催　2023年6月開催）

(2)

これは「留学生進学フェア」のお知らせである。

留学生進学フェアのお知らせ

渋谷ABCホールにおいて、有名な専門学校・大学・大学院が多数参加する進学説明会を開催します。学校生活や入学試験などについて、専門学校・大学・大学院の担当者から直接話を聞くことができます。

日　時：20XX年6月10日（水）10:00-16:00
場　所：渋谷ABCホール（渋谷駅から徒歩5分）
対　象：日本国内で日本語学校に通っている留学生
参加費：無料

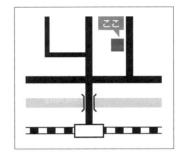

※進学フェアに参加したい留学生は申し込みが必要です。必ずウェブサイトから申し込みをしてください。

※参加する学校はウェブサイトでご確認ください。参加する学校は変更になる場合があります。

※何校でも話を聞くことができます。
※資料も無料で配布しています。

---

1 このお知らせの内容に合うのはどれか。

1　日本にいる留学生は誰でも参加できる。

2　大学院に関する相談はできない。

3　話を聞きたい学校に直接参加の申し込みをしなければならない。

4　この説明会に参加する学校は変わる可能性がある。

つぎの文の（　　　）に入れるのに最もよいものを、1・2・3・4から一つえらびなさい。

1 彼はおぼれている子どもを（　　　）として川に飛び込んだ。

1　助ける　　　　　2　助けたい　　　　　3　助けなければ　　　4　助けよう

2 戦時中（　　　）おいて、米は貴重な食糧だった。

1　の　　　　　　　2　を　　　　　　　　3　に　　　　　　　　4　だ

3 友達の（　　　）で、学校に行くのが楽しい。

1　ため　　　　　　2　おかげ　　　　　　3　よう　　　　　　　4　から

4 店長が変わる（　　　）うわさを聞いた。

1　として　　　　　2　とする　　　　　　3　とした　　　　　　4　という

5 日本での生活が長くなる（　　　）、日本語で困ることが少なくなってきた。

1　において　　　　2　につれて　　　　　3　について　　　　　4　によって

6 （レストランで）

三吉　「渡部さん、それは何ですか。」

渡部　「これは、バインミー（　　　）ベトナムの料理です。とてもおいしいですよ。」

1　とする　　　　　2　とした　　　　　　3　として　　　　　　4　という

7 （日本語学校で）

福島　「天野さん、前回の学生のイベントに（　　　）何か反省点はありますか。」

天野　「そうですね。学生の集合時間をもう少し早くしてもよかったと思います。」

1　関して　　　　　2　ともに　　　　　　3　つれて　　　　　　4　したがって

8 小金井　「植村さんが、いいホテルを紹介してくれたおかげで、いろいろな（　　　）。」

植村　「そうですか。それはよかったですね。」

1　サービスでした　　　　　　　　　　2　サービスが受けられました

3　サービスさせられました　　　　　　4　サービスが取り消されました

問題3　文法（文の組み立て Sentence composition）

つぎの文の　★　に入る最もよいものを、1・2・3・4から一つえらびなさい。

1　彼は ＿＿＿＿ ＿＿＿＿ ★ ＿＿＿＿ みんな怒っている。

　　1　払わないで　　　　2　ので　　　　　　　3　お金を　　　　　　4　帰ろうとした

2　結婚する相手とは ＿＿＿＿ ★ ＿＿＿＿ ＿＿＿＿ 大事だと思う。

　　1　価値観が合う　　2　生活に　　　　3　ことが　　　　4　関する

3　父はお酒 ＿＿＿＿ ＿＿＿＿ ★ ＿＿＿＿ 歌い始める。

　　1　歌を　　　　　　　2　という　　　　　　3　を飲むと　　　　4　「春」

4　そのアイドルのサイン会は ＿＿＿＿ ★ ＿＿＿＿ ＿＿＿＿ そうだ。

　　1　秋葉原の　　　　　2　において　　　　　3　いろはホール　　4　行われる

5　親切な人が、駅まで ＿＿＿＿ ＿＿＿＿ ★ ＿＿＿＿ 乗ることができた。

　　1　おかげで　　　　2　案内して　　　　3　新幹線に　　　　4　くれた

6　部長は ＿＿＿＿ ★ ＿＿＿＿ ＿＿＿＿ いないようだった。

　　1　メンバーに　　　　　　　　　　　　2　何も聞かされて

　　3　関しては　　　　　　　　　　　　　4　新しいプロジェクトの

7　ひろゆき　「エリカさん、次はどこに旅行に行くの？」

　　エリカ　　「次はツバル ＿＿＿＿ ＿＿＿＿ ★ ＿＿＿＿ 行こうと思っているよ。」

　　1　美しい島国へ　　2　太平洋に　　　　3　という　　　　4　ある

8　アミル　「ビザヤさん、新しい仕事はどうですか。」

　　ビザヤ　「慣れるまでは ＿＿＿＿ ＿＿＿＿ ★ ＿＿＿＿ よ。」

　　1　つれてだんだん　　2　大変でしたが　　　3　時間が経つに　　4　慣れてきました

この問題は、ぜんたいとしてどんなないようかを聞く問題です。話の前に質問はありません。まず話を聞いてください。それから、質問とせんたくしを聞いて、1から4の中から、最もよいものを一つえらんでください。

♪ N3-15

　　　　　　　1　　　　　2　　　　　3　　　　　4

まず文を聞いてください。それから、そのへんじを聞いて、1から3の中から、最もよいものを一つえらんでください。

1 ♪ N3-16　　　1　　　　2　　　　3

2 ♪ N3-17　　　1　　　　2　　　　3

3 ♪ N3-18　　　1　　　　2　　　　3

4 ♪ N3-19　　　1　　　　2　　　　3

5 ♪ N3-20　　　1　　　　2　　　　3

6 ♪ N3-21　　　1　　　　2　　　　3

第 **4** 課

単語　文法の練習に出てくる難しい単語の意味を確認しましょう。

名詞

☐ 運休	suspension of service	停止运行	ngừng chạy
☐ 鬼	orge, very strict person	恐怖，鬼怪	con quỷ
☐ おばけ	ghosts, monsters	鬼怪	ông kẹ, ma
☐ おばけ屋敷	haunted house	鬼屋	nhà ma
☐ 観光客	tourists	游客	du khách
☐ 成人	adult	成年人	người trưởng thành
☐ 津波	tsunami	海啸	sóng thần
☐ ブランド品	brand-name goods	名牌货	hàng hiệu
☐ 本物	authentic item	真货	đồ thật

い形容詞

☐ つらい	agonizing	痛苦的，难受的	khổ, buồn

な形容詞

☐ 苦手な	having an aversion	不擅长的	ngại, dở

動詞

☐ 得る	obtain	获得，得到	có được
☐ 枯れる	wilt	枯萎	khô héo
☐ つぶれる	collapse	倒闭，击溃	sụp đổ

副詞

☐ 無事に	without any problems	平安无事地	bình an vô sự, không sự cố
☐ まるで	just like, as if	就好像	hệt như

📄 **例文**

① 電車が止まったせいで、アルバイトに遅刻してしまった。

② 私は何もしていないのに、彼がうそをついたせいで、私が先生に叱られた。

③ お酒を飲みすぎたせいか、頭が痛い。

👆 **使い方**

普
*なAな ➕ せい
*Nの

「AせいでB」の形で、Aが原因で悪い結果（B）になったことを表す。理由や原因がはっきりしない時は「せいか」を使う（③）。

Used in the pattern AせいでB, this indicates that A is the cause of a negative result (B). In cases where it isn't certain that A was the cause, せいか is used (③). ／「AせいでB」这个形式表示因为事情A导致了事情B这个不好的结果的发生。当不是非常清楚明确原因或理由的时候，要用「せいか」（③）。／Diễn tả việc A là nguyên nhân mà có kết quả xấu (B) bằng mẫu câu "AせいでB". Khi lý do hay nguyên nhân không rõ ràng thì sử dụng "せいか", như câu (③).

確認しよう

正しいものを選びなさい。

1．（　台風　・　台風だ　・　台風な　・　台風の　）せいで、イベントが中止になった。

2．私は歌が（　下手　・　下手だ　・　下手な　・　下手の　）せいで、みんなに笑われた。

書いてみよう

＿＿＿＿＿＿＿＿に言葉を入れて、文を完成させなさい。

1．目覚まし時計が＿＿＿＿＿＿＿＿＿＿＿＿＿＿＿＿＿＿＿せいで、寝坊してしまった。

2．＿＿＿＿＿＿＿＿＿＿＿＿＿＿＿＿＿＿＿＿せいで、外国人観光客が減った。

3．＿＿＿＿＿＿＿＿＿＿＿＿＿＿＿＿＿＿せいか、庭の花が枯れてしまった。

4．昨夜、＿＿＿＿＿＿＿＿＿＿＿＿＿＿＿＿せいで、今朝はなかなか起きられなかった。

5．恋人にあまり連絡をしなかったせいで、＿＿＿＿＿＿＿＿＿＿＿＿＿＿＿＿＿＿＿＿＿。

6．毎日遅くまで残業したせいで、＿＿＿＿＿＿＿＿＿＿＿＿＿＿＿＿＿＿＿＿＿＿＿＿＿。

7．授業中に＿＿＿＿＿＿＿＿＿＿せいで、＿＿＿＿＿＿＿＿＿＿＿＿＿＿＿＿＿＿＿＿＿。

8．＿＿＿＿＿＿＿＿＿＿＿＿＿＿せいで、＿＿＿＿＿＿＿＿＿＿＿＿＿＿＿＿＿＿＿＿＿。

20 にとって

＿＿＿＿＿月＿＿＿＿＿日

📄 例文

1. 私にとって一番大切なものは家族です。

2. 子どもにとって、遊ぶことは勉強することと同じぐらい大切なことだ。

3. 森や海などの自然を守ることは、そこに住む動物だけでなく、人間にとっても大事なことだ。

👆 使い方

N ➕ にとって　「AにとってB」で、Aの視点や立場からの意見や評価をBで表す。Bには賛成、反対、好き、嫌い、上手、下手など主観的な評価を表す言葉は使えない。

Used in the pattern AにとってB, this conveys an opinion or assessment (B) from the perspective of A. B does not take expressions of subjective opinion, such as 賛成, 反対, 好き, 嫌い, 上手, or 下手. ／「AにとってB」表示以A的视角或者站在A的立场上来做出的评价或发表的意见用B来表示。B这里不能用一些例如"赞成, 反对, 喜欢, 讨厌, 擅长, 不擅长"等表达主观评价的词汇。／Diễn tả ý kiến và đánh giá từ quan điểm hay lập trường của A bằng B bằng mẫu câu "AにとってB". B không thể sử dụng các từ diễn tả đánh giá chủ quan như tán thành, phản đối, thích, ghét, giỏi, dở v.v.

確認しよう

正しいほうを選びなさい。

1. 私（　にとって　・　は　）この意見に賛成です。

2. 私にとって、料理は（　苦手だ　・　難しい　）。

書いてみよう

＿＿＿＿＿＿＿＿＿＿に言葉を入れて、文を完成させなさい。

1. 私にとって、日本語で一番難しいのは＿＿＿＿＿＿＿＿＿＿＿＿＿＿＿です。

2. 留学生にとって、＿＿＿＿＿＿＿＿＿＿＿＿＿＿＿＿＿＿＿＿＿＿＿＿＿は大変だ。

3. ＿＿＿＿＿＿＿＿＿＿＿＿＿＿＿にとって、子どもはいくつになっても、子どもだ。

4. 若者にとって、＿＿＿＿＿＿＿＿＿＿＿＿＿＿＿＿＿＿＿＿＿＿＿＿＿＿＿。

5. ＿＿＿＿＿＿＿＿＿＿＿＿＿＿だけではなく、＿＿＿＿＿＿＿＿＿＿＿＿＿にとっても敬語は難しい。

6. ＿＿＿＿＿＿＿＿＿＿＿＿＿＿＿＿にとって、24時間営業の店はなくてはならないものでしょう。

7. 彼は「私にとって、＿＿＿＿＿＿＿＿＿＿＿＿＿＿＿＿＿＿＿＿＿＿＿＿＿＿＿」と言った。

8. 彼女にとって、＿＿＿＿＿＿＿＿＿＿＿＿＿＿ことは、＿＿＿＿＿＿＿＿＿＿＿＿＿＿＿＿＿＿。

第4課 文法の練習

📄 例文

① 「おばけなんているわけがない」と言っていた彼が、おばけ屋敷で一番怖がっていた。

② 彼がこんな簡単な質問に答えられないわけがない。

③ いつも人にお金を借りている彼が、お金持ちのわけがない。

👆 使い方

普
*Ｎ の／である
*なＡ な／である
➕ わけがない

「Ａわけがない」の形で、Ａを強く否定する。例えば「するわけがない」は
「絶対しない」、「しないわけがない」は「絶対する」という強い主張になる。

Used in the pattern Ａわけがない, this emphatically denies the possibility of A. For example, するわけがない conveys the speaker's firm belief that a certain action would never occur, while しないわけがない asserts that something would absolutely occur. ／「Ａわけがない」这个形式表示强烈否定事情A。常用在比如说「するわけがない」表示"绝对不可能做"，「しないわけがない」表示"绝对要做"这样的一些比较强烈的主张时。／Phủ định A một cách mạnh mẽ bằng mẫu câu "Ａわけがない". Ví dụ "するわけがない" là nhấn mạnh "nhất định không làm", "しないわけがない"là "nhất định làm".

確認しよう

正しいほうを選びなさい。

1．彼女は全然勉強していないので、試験に（　合格する　・　合格しない　）わけがない。

2．イギリスに10年住んでいた彼が英語が（　話せる　・　話せない　）わけがない。

書いてみよう

＿＿＿＿＿＿＿＿＿＿に言葉を入れて、文を完成させなさい。

1．彼はにぎやかな場所が苦手なので、パーティーに＿＿＿＿＿＿＿＿＿＿＿＿＿＿＿＿＿わけがない。

2．食べることが大好きな彼女が、目の前のお菓子を＿＿＿＿＿＿＿＿＿＿＿＿＿＿＿＿＿わけがない。

3．本物のブランド品が、こんなに＿＿＿＿＿＿＿＿＿＿＿＿＿＿わけはない。

4．彼女は誰にでも親切なので、＿＿＿＿＿＿＿＿＿＿＿＿＿＿＿＿＿＿＿＿＿＿＿わけがない。

5．彼女は＿＿＿＿＿＿＿＿＿＿＿＿＿＿＿＿＿＿＿＿ので、歌手になれるわけはない。

6．店長は＿＿＿＿＿＿＿＿＿＿＿＿＿＿から、＿＿＿＿＿＿＿＿＿＿＿＿＿＿＿＿＿わけがない。

7．彼は＿＿＿＿＿＿＿＿＿＿＿＿ので、＿＿＿＿＿＿＿＿＿＿＿＿＿＿＿＿＿＿＿わけがない。

8．あの二人は＿＿＿＿＿＿＿＿＿＿＿＿から、＿＿＿＿＿＿＿＿＿＿＿＿＿＿＿＿＿わけがない。

22 によって

📅 ＿＿＿月＿＿＿日

📋 例文

1. インターネットによって世界中の情報が得られるようになった。
2. 台風によって新幹線は運休になった。
3. 明日の天気によって海へ行くかどうか決める。

👆 使い方

N ➕ によって
による N

「AによってB」の形で、Aという手段・方法でBを行う（①）、Aが原因でBという結果になる（②）、Aという条件が変わればBも変わる（③）という意味を表す。

Used in the pattern AによってB, this indicates that A is the means or method by which B is performed (①), B is the result of A (②), or B changes depending on a change in condition A (③). ／「AによってB」这个形式表示用A这样的方法或者手段在执行事情B (①)；因为A这个原因，有了B这样的结果 (②)；如果条件A变了的话，事情B也会跟着变 (③) 的意思。／Bảng mẫu câu "AによってB", diễn tả ý tiến hành B bằng cách thức, phương pháp A, như câu (①); A là nguyên nhân khiến có kết quả B, như câu (②); nếu điều kiện A thay đổi thì B cũng thay đổi, như câu (③).

確認しよう

正しいほうを選びなさい。

1. 成人になる年齢は国（　によって　・　による　）違う。
2. この地震（　による　・　によって　）津波の心配はありません。

書いてみよう

＿＿＿＿＿＿＿＿に言葉を入れて、文を完成させなさい。

1. ＿＿＿＿＿＿＿＿＿＿＿＿＿によって、新しいクラスを決める。

2. 国際会議は＿＿＿＿＿＿＿＿＿＿＿によって無事に成功した。

3. 最近＿＿＿＿＿＿＿＿＿＿＿によるトラブルが増えている。

4. ＿＿＿＿＿＿＿＿＿＿＿＿＿によって、多くの会社がつぶれた。

5. そのスーパーには＿＿＿＿＿＿＿＿＿＿によって安くなるものがある。

6. 考え方は＿＿＿＿＿＿によって違うので、＿＿＿＿＿＿＿＿＿＿＿＿＿＿＿。

7. 新しい駅ができることによって、＿＿＿＿＿＿＿＿＿＿＿＿＿＿＿＿＿。

8. 人は失敗することによって、＿＿＿＿＿＿＿＿＿＿＿＿＿＿＿＿＿＿＿。

📋 例文

1 眠れないことほどつらいことはない。

2 東京ほどおもしろい街はない。

3 店長ほど親切な人はいない。

👆 使い方

N ほど N はない	「AほどBはない」で、Aと同じぐらいのBはない、つまりAが一番Bだという意味になる。
	Used in the pattern AほどBはない, this indicates there is nothing that compares to A in terms of B, that is, A is the supreme example of B. ／「AほどBはない」这个形式表示跟A同等程度的B是不存在的，也就是说在事情B上，事情A是排在首位的。／ "AほどBはない" có ý nghĩa không có B nào ở mức như A, nghĩa là A thì B nhất.

確認しよう

正しいほうを選びなさい。

1. 彼ほどサッカーが上手な選手は（　いる　・　いない　）と思う。

2. （　寝ているとき　・　寝ている　）ほど幸せな時間はない。

書いてみよう

_____に言葉を入れて、文を完成させなさい。

1. _____ほど大事なものはない。

2. _____ことほど、楽しいことはない。

3. _____ほど、難しいものはない。

4. _____ほど、便利なものはない。

5. あと1点で試験に落ちてしまうことほど、_____ことはない。

6. 私の国ほど、_____国はない。

7. 日本の生活で、_____ことほど、_____ことはない。

8. このクラスに_____ほど、_____人はいないだろう。

24 ようだ

📋 例文

① 彼女は魚のことを何でも知っていて、まるで魚博士のようだ。
② さくらさんのように日本語が話せるようになりたい。
③ 店長は怒ると鬼のような顔になるので、とても怖い。

👆 使い方

| Vる |
| Vている |
| Vた |
| Nの |

➕

ようだ
ような
ように

似ているものを言って他のものに例え、状況などを伝える時に使う。「まるで」をつけることがある。

This is used to describe a characteristic of someone or something by likening it to a good example of that characteristic. ／用类似的事物来比喻其他的事物，常在表达状况的时候使用。有时会跟「まるで」放在一起用。／Sử dụng khi nói thứ giống nhau để ví von với thứ khác, truyền đạt tình trạng v.v. Có khi thêm"まるで".

確認しよう

正しいものを選びなさい。

1. 今日は春なのに（　冬　・　冬だ　・　冬の　）ように寒い。
2. 彼はロボットの（　ように　・　ような　）休まないで働いている。

書いてみよう

＿＿＿＿＿＿＿＿＿に言葉を入れて、文を完成させなさい。

1. 彼女はいつも私のことを心配している。まるで＿＿＿＿＿＿＿＿＿＿＿＿＿のようだ。

2. いつか＿＿＿＿＿＿＿＿＿＿＿のような大きい家に住みたい。

3. あの＿＿＿＿＿＿＿＿＿＿＿のようにきれいな人は誰ですか。

4. 彼の部屋は汚くて、まるで＿＿＿＿＿＿＿＿＿＿＿＿＿＿＿＿＿のようだ。

5. 弟が初めて作った料理は、＿＿＿＿＿＿＿＿＿＿＿＿＿＿＿ようだった。

6. 先生が書いた馬の絵はまるで＿＿＿＿＿＿＿＿＿＿＿＿＿＿ようだった。

7. 父のように＿＿＿＿＿＿＿＿＿＿＿＿＿＿＿＿＿＿＿になりたい。

8. 彼は、＿＿＿＿＿＿＿＿＿＿＿のように＿＿＿＿＿＿＿＿＿＿＿＿＿＿＿＿。

問題1　読解（内容理解 - 短文 Comprehension - Short passages）

つぎの (1) と (2) の文章を読んで、質問に答えなさい。答えは、1・2・3・4から最もよいものを一つえらびなさい。

(1)
これは留学生のルイさんが書いた作文である。

> 　僕は、子どもの頃からアニメや漫画が好きでよく見ていた。中学生のとき、友達に勧められて、初めて日本のアニメを見た。それで、日本に興味を持った。日本にはおもしろくて感動するアニメや漫画がたくさんある。僕にとって一番のアニメはONE PIECEだ。ONE PIECEほど仲間の大切さが知れる作品はないだろう。いつか僕もアニメーターになって、ONE PIECEのような作品を作りたい。

1 この文章の内容に合うのはどれか。

1　ルイさんは、友達に勧められるまでアニメを見たことがなかった。

2　ルイさんは、小学生の頃から日本に興味をもっていた。

3　ルイさんは、自分の国ではONE PIECEが一番人気があるアニメだと言っている。

4　ルイさんは、将来アニメに関する仕事がしたいと思っている。

(2)

これは留学生のケンさんが書いた日記である。

> 　今日は初めてメイドカフェに行った。最近ホームシックのせいで元気がない僕を見て、クラスメートのルイが、最近気に入っているというメイドカフェに連れていってくれた。僕たちが行ったメイドカフェは曜日によって食べ物のメニューが違っていて、今日はパンケーキだった。メイドさんたちは「おいしくなーれ♡」と言いながら、パンケーキにチョコレートでハートを描いてくれた。僕はそんなことで味が変わるわけがないと思ったが、ルイはまるで子どものように喜んで食べていた。そんなルイの顔を見ていたら、なんだか元気が出てきた。

1 この文からわかることは何か。

1 ケンさんはホームシックで、今も元気がない。

2 ケンさんとルイさんは初めてメイドカフェへ行った。

3 ルイさんはケンさんのパンケーキに絵を描いてあげた。

4 ケンさんはルイさんのおかげで元気になった。

つぎの文の（　　　）に入れるのに最もよいものを、1・2・3・4から一つえらびなさい。

1 友達が手伝ってくれた（　　　）で、パーティーが成功した。

　　1　おかげ　　　　　　2　せい　　　　　　　3　ほど　　　　　　　4　ため

2 考え方は人に（　　　）違うと思います。

　　1　ついて　　　　　　2　よって　　　　　　3　つれて　　　　　　4　とって

3 まじめな彼女が約束を（　　　）わけがない。

　　1　忘れ　　　　　　　2　忘れる　　　　　　3　忘れない　　　　　4　忘れなかった

4 東京（　　　）世界中の料理が簡単に食べられる街はないと思う。

　　1　は　　　　　　　　2　まで　　　　　　　3　が　　　　　　　　4　ほど

5 彼女の手は、まるで氷の（　　　）冷たかった。

　　1　よう　　　　　　　2　ような　　　　　　3　ようだ　　　　　　4　ように

6 ツォポ　「グルンさん、毎日料理するのって、面倒じゃないですか。」

　　グルン　「そうですか。僕（　　　）料理はストレス解消になるんですよ。」

　　1　に関して　　　　　2　にしたがって　　　3　にとって　　　　　4　によると

7 先生　「昨日のスピーチ大会はどうでしたか。」

　　学生　「緊張してしまったせいで、うまく（　　　）。」

　　1　話しました　　　　　　　　　　　　　　2　話しませんでした

　　3　話せました　　　　　　　　　　　　　　4　話せませんでした

8 メイ　「ビルさん、山下先生の授業はどうですか。」

　　ビル　「僕は、山下先生ほどわかりやすい授業をしてくれる先生は（　　　）。」

　　1　いると思うよ　　　　　　　　　　　　　2　いたはずだよ

　　3　いないと思うよ　　　　　　　　　　　　4　いなかったはずだよ

問題3 文法（文の組み立て Sentence composition）

つぎの文の ★ に入る最もよいものを、1・2・3・4から一つえらびなさい。

1 友達が ＿＿＿ ＿＿＿ ★ ＿＿＿ が払えない。

1 お金を　　　　2 せいで　　　　3 返してくれない　　　4 学費

2 彼が ＿＿＿ ★ ＿＿＿ ＿＿＿ 見える。

1 犬の絵は　　　　　　　　　　　2 写真のように

3 まるで　　　　　　　　　　　　4 描いた

3 彼が仕事を ＿＿＿ ＿＿＿ ★ ＿＿＿ わけがない。

1 休んだ　　　　2 恋人の彼女が　　　3 知らない　　　4 理由を

4 給料は ＿＿＿ ★ ＿＿＿ ＿＿＿ そうだ。

1 能力　　　　2 決められる　　　3 その人の経験や　　　4 によって

5 彼女 ＿＿＿ ＿＿＿ ★ ＿＿＿ いない。

1 ほど　　　　2 人　　　　　3 は　　　　　4 心の美しい

6 彼の部屋は窓からの ＿＿＿ ★ ＿＿＿ ＿＿＿ ようだった。

1 ホテルの　　　　　　　　　　　2 眺めがよくて

3 まるで　　　　　　　　　　　　4 設備も立派で

7 ジョナ　「マイケルさん、明日のイベントは予定通り？」

マイケル 「やるか ＿＿＿ ＿＿＿ ★ ＿＿＿ だよ。」

1 によって　　　2 決めるそう　　　3 明日の天気　　　4 どうかは

8 （コンサート会場の前で）

ローラ　「アメリさん、パトリックさんまだ来ませんね。来ないのかな……。」

アメリ　「パトリックさんが ＿＿＿ ＿＿＿ ★ ＿＿＿ けど……。」

1 来ないわけがない　　　　　　　2 私たちのチケットを

3 と思います　　　　　　　　　　4 持っているのだから

まず質問を聞いてください。そのあと、問題用紙を見てください。読む時間があります。それから話を聞いて、問題用紙の1から4の中から、最もよいものを一つえらんでください。

♫ N3-22

1　つかれて寝てしまったから

2　問題がむずかしすぎたから

3　いそがしくて時間がなかったから

4　だれもてつだってくれなかったから

まず文を聞いてください。それから、そのへんじを聞いて、1から3の中から、最もよいものを一つえらんでください。

1	♫ N3-23	1	2	3
2	♫ N3-24	1	2	3
3	♫ N3-25	1	2	3
4	♫ N3-26	1	2	3
5	♫ N3-27	1	2	3
6	♫ N3-28	1	2	3

第5課

だい か

単語　文法の練習に出てくる難しい単語の意味を確認しましょう。

名詞

□ 遠足	excursion, field trip	远行	dã ngoại
□ お粥	rice gruel	粥	cháo
□ 高熱	high fever	高烧	sốt cao
□ 作業	task	操作	công việc
□ 事実	fact	事实	sự thật
□ 全員	everyone	所有人	mọi người
□ 体調	physical condition	身体状况	tình trạng sức khỏe
□ プラグ	plug	插头	phích cắm
□ 姪	niece	侄女，外甥女	cháu gái
□ ゆうれい	ghost	幽灵	ma

な形容詞

□ わがままな	selfish	任性的	bướng bỉnh, ích kỷ

動詞

□ 飽きる	become tired of	厌倦，腻烦	chán, ngán
□ 後悔（する）	regrets; regret	后悔（后悔做某事）	sự hối hận; hối hận
□ 挑戦（する）	challenge; take on a challenge	挑战（挑战做某事）	sự thử thách; thử thách
□ 抜ける	pull out	掉了，没安好	bị sút ra

副詞

□ 全て	all	所有的	tất cả
□ どうりで	now it makes sense, it's no wonder	难怪，所以	chả trách, hèn gì, thảo nào

その他

□ つまり	in other words	总之，也就是说	nghĩa là

📋 例文

① 彼女はわがままだし、小さなことですぐ泣いたりするので、子どもっぽいです。

② 頭も痛いし、熱っぽいので、今日は早く寝ます。

③ 彼は忘れっぽい。昨日は宿題を忘れたし、今日は僕とサッカーする約束を忘れた。

☝ 使い方

①〜のようだ、〜を多く含むという意味を表す（① ②）。②マイナスの評価に使うことが多く、〜しやすい、よく〜するといった人の性格を表す（③）。少数だが、「安っぽい」「あらっぽい」など、い形容詞に接続することもある。

① This means "-like" or "-ish" (① ②). ② This is often used to express a negative characteristic, particularly when describing someone's tendency or disposition to do something undesirable (③). It is sometimes joined with a limited number of *i*-adjectives, as in 安っぽい and あらっぽい。／①表示"像...一样"，含有很多...要素的意思（① ②）。②常用在一些比较消极的评价上，表示"很容易..."，"经常做..."这样的人的性格（③）。另外虽然数量不多，但也会用在一些い形容词上，比如「安っぽい」「あらっぽい」。／①Diễn tả ý nghĩa là như 〜, bao gồm nhiều 〜, như câu (① ②). ② Thường sử dụng để đánh giá tiêu cực, thể hiện tính cách của một người dễ 〜, thường làm 〜, như câu (③). Tuy ít nhưng cũng có cách nối với tính từ loại い như "安っぽい (trông rẻ tiền)", "あらっぽい (trông thô lỗ)" v.v.

確認しよう

正しいほうを選びなさい。

1．あの子は小学生なのに、化粧もしてずいぶん（ 子ども ・ 大人 ）っぽい服を着ている。

2．私は（ 飽き ・ 飽きる ）っぽくて、何か始めてもすぐにやめてしまう。

書いてみよう

＿＿＿＿＿＿＿＿に言葉を入れて、文を完成させなさい。

1．あの＿＿＿＿＿＿＿＿＿＿＿っぽい服を着た人が私の兄です。

2．年をとると、誰でも＿＿＿＿＿＿＿＿＿＿＿っぽくなる。

3．隣のおじさんは＿＿＿＿＿＿＿＿＿っぽいので、大きい音を出さないように気をつけている。

4．久しぶりに会った姪はずいぶん＿＿＿＿＿＿＿＿＿っぽくなっていた。

5．この作業は＿＿＿＿＿＿＿＿っぽく見えますが、やってみるとそれほど＿＿＿＿＿＿＿＿よ。

6．A「おなかの調子もよくないし、のども痛いし、それになんだか＿＿＿＿＿＿＿っぽいんだ。」

    B「じゃ、今日はお粥とかスープとか、＿＿＿＿＿＿＿＿＿＿＿っぽくないものがいいね。」

7．＿＿＿＿＿＿＿＿＿＿＿っぽいので、＿＿＿＿＿＿＿＿＿＿＿＿＿＿＿＿＿＿。

26 からといって

📅 ＿＿＿月＿＿＿日

📋 例文

1. 忙しいからといって、３か月も親に電話しないのはよくないですよ。
2. 前の晩に遅くまで勉強したからといって、遅刻していいわけがない。
3. 好きだからといって、そんなに食べたら、おなかを壊してしまいますよ。

👆 使い方

(普) ➕ からといって 「AからといってB」で、Aという理由があっても、すべてがBとは言えない（例外がある）と言う時や、AはBの正当な理由ではないと言う時に使う。「とは限らない (p.66)」「わけではない (p.163)」とよく一緒に使う。

Used in the pattern AからといってB, it is used to indicate that situation A does not necessarily result in B all the time (i.e., there are exceptions), or that A is not an acceptable reason for B. It is often paired with 〜とは限らない (p.66) or 〜わけではない (p.163). ／「AからといってB」这个形式表示虽然有A这样的理由，但是也不能因此就B。在表达"事情A不能成为事情B的正当理由"的时候使用。经常与「とは限らない (p.66)」「わけではない (p.163)」一起使用。／Bằng mẫu câu "AからといってB", sử dụng khi nói dù có lý do A đi nữa thì cũng không thể nói tất cả là B (có ngoại lệ), hoặc khi nói A không phải là lý do chính đáng của B. Thường sử dụng với "とは限らない (p.66)", "わけではない (p.163)".

確認しよう

正しいほうを選びなさい。

1. 安いからといって、たくさん（　買ってもいいです　・　買ってはいけません　）。
2. 一度失敗した（　から　・　からといって　）、あきらめる必要はない。

書いてみよう

＿＿＿＿＿＿＿＿に言葉を入れて、文を完成させなさい。

1. 試験に＿＿＿＿＿＿＿＿＿＿からといって、そんなにがっかりしなくてもいいよ。また頑張ろう。

2. 熱が＿＿＿＿＿＿＿＿＿＿からといって、すぐに遊んだり、スポーツしたりしてはいけません。

3. ＿＿＿＿＿＿＿＿＿＿＿＿＿＿＿＿からといって、窓を開けて寝るのは危険です。

4. 食欲がないからといって、＿＿＿＿＿＿＿＿＿＿＿＿＿＿＿＿のはよくないです。

5. ＿＿＿＿＿＿＿＿＿＿＿＿＿＿＿＿からといって、学校を休んではいけません。

6. 母親だからといって、子どもの部屋に勝手に＿＿＿＿＿＿＿＿＿＿＿＿＿と思います。

7. ＿＿＿＿＿＿＿＿＿＿からといって、＿＿＿＿＿＿＿＿＿＿のはよくないです。

8. ＿＿＿＿＿＿＿＿＿＿＿＿＿＿からといって、＿＿＿＿＿＿＿＿＿＿＿＿＿＿。

📋 **例文**

① お金がある人が全員幸せだとは限らない。

② 年上の人の言うことがいつも正しいとは限らない。

③ 日本人だからといって、敬語が上手に使えるとは限らない。

👆 **使い方**

「一般的に全て〜だと思われるが、例外もある」「〜でない可能性もある」という意味を表す。「からといって (p.65)」とよく一緒に使う。

This expresses that there are exceptions to a commonly held belief or perception, or that something is not necessarily the case. It is often used with からといって (p.65). ／表示 "一般情况下都被这么认为，可是也有例外" "也有可能不是这样" 的意思。经常与「からといって (p.65)」一起使用。／Thể hiện ý nghĩa "Thông thường thì tất cả được cho là ~ nhưng cũng có ngoại lệ", "cũng có thể không là ~". Thường sử dụng với "からといって (p.65)".

確認しよう

正しいほうを選びなさい。

1. 値段が高いものが全て（　いいとは限らない　・　いいはずだ　）。高くても品質がよくないものもある。

2. 時間をかけて勉強したからといって、成績が（　上がる　・　上がらない　）とは限らない。

書いてみよう

＿＿＿＿＿＿に言葉を入れて、文を完成させなさい。

1. どんなに有名でも、みんなが＿＿＿＿＿＿＿＿＿＿＿とは限らない。

2. 先生の言うことがいつも＿＿＿＿＿＿＿＿＿＿＿とは限らない。

3. 薬を飲んだからといって、＿＿＿＿＿＿＿＿＿＿＿とは限らない。

4. 日本人がみんな＿＿＿＿＿＿＿＿＿＿＿とは限らない。

5. ＿＿＿＿＿＿＿＿＿＿＿からといって、幸せな人生が送れるとは限らない。

6. 新聞に＿＿＿＿＿＿＿＿＿＿＿ことが、いつも事実とは限らない。

7. ＿＿＿＿＿＿＿＿＿＿＿からといって、上手だとは限らない。

8. ＿＿＿＿＿＿＿＿＿＿＿からといって、＿＿＿＿＿＿＿＿＿＿＿とは限らない。

28 わけだ

📑 例文

① エアコンが暖房じゃなくて冷房になっている。寒いわけだ。

② A「明日のパーティーですが、急に用事ができて……。」

　B「つまり、参加できないというわけですね。」

👆 使い方

（普）
```
*[なA]な／である
*[N]の／な／である
```
➕ わけだ

ある事実や状況から当然の結論や結果を言ったり、話を聞いて納得したことを表したりする時に使う（①）。また、言い換えたり、確認したりする時も使う（②③）。後者の場合「というわけだ」という形を取ることが多い。

This is used to state a conclusion or outcome that is logically inferred from the facts or situation, or to express agreement with something said (①). It can also be used to rephrase something or solicit confirmation (②③). In the latter case, it often takes the form というわけだ. ／在表达 "通过某个事实或状况自然而然能得出的结论或者结果" 或是 "听到别人的话之后自己也表示很赞同" 的时候使用 (①)。另外，在 "换句话说" 或是确实的时候也使用 (②③)。这种情况下常用「というわけだ」这种形式。／Sử dụng khi nói kết luận hay kết quả đương nhiên từ một sự thật hay tình trạng nào đó, hoặc thể hiện việc đồng ý / thỏa mãn sau khi nghe chuyện, như câu (①). Ngoài ra, cũng sử dụng khi nói cách khác hay xác nhận, như câu (②③). Trường hợp này thì thường dùng mẫu câu "というわけだ".

確認しよう

正しいほうを選びなさい。

1. 昨日、彼女は高熱があったそうだ。それで学校を（　休んだ　・　休まなかった　）わけだ。

2. A「書類はどこですか。」
　　B「さっき部長が引き出しに入れた（　わけ　・　はず　）です。」

書いてみよう

＿＿＿＿＿＿＿に言葉を入れて、文を完成させなさい。

1. プラグが抜けている。テレビが＿＿＿＿＿＿＿＿＿＿＿わけだ。

2. あの兄弟は双子です。どうりで＿＿＿＿＿＿＿＿＿＿＿わけです。

3. 彼はフランスに＿＿＿＿＿＿＿＿＿＿のので、フランス語が＿＿＿＿＿＿＿＿＿＿＿＿わけです。

4. 彼は深夜にアルバイトをしているそうです。だから授業中＿＿＿＿＿＿＿＿＿＿＿わけです。

5. ケンさんは昨日彼女とけんかしたそうだ。どうりで今日は＿＿＿＿＿＿＿＿＿＿＿＿わけだ。

6. ＿＿＿＿＿＿＿＿＿＿＿＿＿＿＿＿＿わけだ。子どもたちはみんな寝ている。

7. ＿＿＿＿＿＿＿＿＿＿＿＿＿＿＿。それで、＿＿＿＿＿＿＿＿＿＿＿＿わけです。

29 てほしい

📄 例文

1. 明日は楽しみにしていた遠足だから、晴れてほしい。
2. みんなが集まる場所ではたばこを吸わないでほしいです。
3. 子どもが熱を出したので、早退させていただきたいのですが……。

👆 使い方

Vて ┐ ほしい
Vないで ┘＋ もらいたい
　　　　 いただきたい

相手に対する要求や願望を表したり、ある現象を望む場合に使う（①）。否定の場合は「ないでほしい／てほしくない」の形になる（②）。自分がすることを望む場合は「動詞の使役形＋てほしい」の形になる（③）。

This is used to make a demand or request to the listener, or to express the wish for some phenomenon or situation to occur (①). The negative forms are ないでほしい／てほしくない (②). When expressing the desire to be allowed to do something, the pattern [causative form of verb + てほしい] is used (③). ／在表示希望对方做某事的时候使用，这件事情往往是对对方的某种要求或者是自己的某种期望（①）。否定形式是「ないでほしい／てほしくない」（②）。如果是表达 "希望自己能做某事" 的话，需要用「动词的使役形式＋てほしい」的形式（③）。／Dùng trong trường hợp thể hiện yêu cầu hay nguyện vọng với đối phương, hoặc mong đợi hiện tượng nào đó, như câu (①). Trường hợp phủ định thì có mẫu câu "ないでほしい／てほしくない", như câu (②). Trường hợp mong mỏi việc mà bản thân làm thì có mẫu câu "thể sai khiến của động từ +てほしい", như câu (③).

確認しよう

正しいほうを選びなさい。

1. 両親に（　会って　・　会わせて　）ほしい人がいると伝えたら、連れてきなさいと言われた。
2. ここへ（　行きたい　・　行ってほしい　）んですが、行き方を教えていただけませんか。

書いてみよう

＿＿＿＿＿＿＿＿＿＿に言葉を入れて、文を完成させなさい。

1. 両親にはいつまでも＿＿＿＿＿＿＿＿＿＿＿＿＿＿ほしい。

2. 勉強のために、今度の出張に私を＿＿＿＿＿＿＿＿＿＿ほしいと部長に言うつもりです。

3. この仕事を＿＿＿＿＿＿＿＿＿＿＿もらいたいんですが、時間がありますか。

4. 家が倒れたり津波が起きたりするので、地震は＿＿＿＿＿＿＿＿＿＿＿＿＿＿＿ほしくないです。

5. これは私とあなただけの秘密だから、＿＿＿＿＿＿＿＿＿＿＿＿＿＿＿＿＿＿＿＿＿ほしい。

6. ここに車を＿＿＿＿＿＿＿＿＿＿＿＿＿＿＿＿いただきたいんですが、よろしいでしょうか。

7. ルームメートに＿＿＿＿＿＿＿＿＿＿＿ので、＿＿＿＿＿＿＿＿＿＿＿＿＿ほしいと頼んだ。

30 くらいなら

 📅 _____月_____日

📋 例文

1. 無理をして体を壊すくらいなら、仕事をやめようと思います。
2. このカメラの修理に5万円も払うくらいなら、新しいのを買ったほうがいい。
3. 何もしないで後悔するくらいなら、挑戦して失敗したほうがいい。

使い方

Vる	➕ くらいなら

「AくらいならB」の形で、Aと比べたらBを選ぶという意味を表す。Aには最悪だと思っていることが入り、Bにはいいとは言えないが、Aよりはいいと思うことが入る。「ほうがいい」や「ほうがましだ」と一緒に使われることが多い。

Used in the pattern AくらいならB, this indicates that the speaker feels that B is the preferable choice or course of action compared with A. A is a situation that the speaker considers terrible, and B is an alternative that is better than A but is not necessarily good in itself. This is often paired with ほうがいい or ほうがましだ。／「AくらいならB」这个形式表示，跟事情A相比之下的话还是选择事情B。A这里放最糟糕的事情，B这里放 "不是很糟糕但也说不上很好" 的事情。经常跟「ほうがいい」「ほうがましだ」这样的表达一起使用。／Diễn tả ý nghĩa chọn B sau khi so sánh với A bằng mẫu câu "AくらいならB". Với A thì có suy nghĩ đó là tệ nhất, và B thì không thể nói là tốt. Thường được dùng chung với "ほうがいい" hoặc "ほうがましだ".

確認しよう

正しいほうを選びなさい。

1. あなたとデートするくらいなら、（ ゆうれい ・ アイドル ）とデートするほうがいい。
2. 古いけど、まだ使えるよ。（ 捨てる ・ 売る ）くらいなら、（ 捨てた ・ 売った ）ほうがいいよ。

書いてみよう

_____に言葉を入れて、文を完成させなさい。

1. 体調が悪いのに、無理をして学校に来るくらいなら、_____なさい。

2. 会社まで遠いけど、混んでいる電車に乗るくらいなら、_____。

3. 遅刻して先生に_____くらいなら、休んでしまったほうがいい。

4. 雨の中、_____くらいなら、_____ほうがいい。

5. 嫌だと思って_____くらいなら、大学を辞めて_____。

6. 気が合わない友達と一緒にいるくらいなら、_____ほうがましだ。

7. _____くらいなら、_____。

69

問題1　読解（内容理解 - 長文 Comprehension - Long passages）

つぎの文章を読んで、質問に答えなさい。答えは、1・2・3・4から最もよいものを一つえらびなさい。

これはある小説の文である。

　ケンは、さくらとアルバイトをするうちに、さくらのことが大好きになった。何度も告白しようと思ったが、できなかった。明るくて人気者の彼女には、恋人がいるのではないかと思っていたからだ。

　ある日、ケンは日本語学校のクラスメートで友達のルイと食事に行き、そこで、さくらのことを相談した。ルイから「明るくて人気者だからといって、恋人がいるとは限らないよ。それに告白しないで悩んでいるくらいなら、たとえ失敗しても、告白したほうがいいと僕は思うよ。」とアドバイスされた。それで、ケンは次のアルバイトの日に勇気を出して告白することにした。

　アルバイトの日、ケンはこう言ってさくらに告白した。「ずっと君のことが好きだったんだ。日本語もまだまだだし、頼りなくて子どもっぽく見えるかもしれないけど、よかったら、僕と付き合ってほしい」と。さくらは微笑みながら「子どもっぽいと思っていないよ。日本語はまだまだだけどね。私も夢に向かって頑張っているケンはすてきだと思っていたから、嬉しい。」と答えてくれた。

　ケンはその日嬉しくて、一晩中寝られなかった。翌日、真っ赤な目でケンはルイに、告白が成功したことや、今度デートをすることになったことや、嬉しくて寝られなかったことを話した。ルイは「それで目が赤いわけだ。僕はその目を見て、振られたかと思ったよ。よかったね。おめでとう。」と言ってくれた。

1 ケンがさくらにずっと告白できなかったのはなぜか。
　1 さくらが明るくて人気があるから
　2 さくらに恋人がいるかもしれないと思ったから
　3 告白して失敗するのが恥ずかしいから
　4 自分が頼りなくてさくらに合わないと思ったから

2 ルイのアドバイスとして合っているものはどれか。
　1 もう少し考えてから告白したほうがいい。
　2 悩んでいるなら、告白しないほうがいい。
　3 失敗するかもしれないが、告白したほうがいい。
　4 失敗するのが怖いなら、告白しないほうがいい。

3 何が嬉しいのか。
　1 ケンが告白したこと
　2 さくらが告白を受け入れたこと
　3 デートすることになったこと
　4 ケンのことをすてきだと言ったこと

4 ケンの目が赤かったのはなぜか。
　1 告白が成功して眠れなかったから
　2 告白が失敗して眠れなかったから
　3 告白が成功して泣いたから
　4 告白が失敗して泣いたから

つぎの文の（　　　）に入れるのに最もよいものを、1・2・3・4から一つえらびなさい。

1 今回食事代を全部払ってもらったので、次回は僕に（　　　）と友達に言った。

  1　払って　　　　　　2　払ってほしい　　　　3　払わせたい　　　　4　払わせてほしい

2 彼は明日まで海外出張中なので、今夜のパーティーに来る（　　　）。

  1　とは限らない　　　2　はずがない　　　　3　わけだ　　　　　　4　つもりだ

3 たくさん（　　　）からといって、成績が上がるとは限りません。

  1　勉強し　　　　　　2　勉強して　　　　　3　勉強しない　　　　4　勉強した

4 電池が入っていない。なるほど、ライトがつかない（　　　）。

  1　そうだ　　　　　　2　わけだ　　　　　　3　ようだ　　　　　　4　でしょう

5 子どもたちには私たち親の心配はしないで、自分の好きなことを（　　　）ほしいです。

  1　やる　　　　　　　2　やり　　　　　　　3　やって　　　　　　4　やった

6 ゴック　「ずいぶん水（　　　）コーヒーだね。」

  さくら　「あっ、ごめん。お湯の量を間違えた。いれ直すよ。」

  1　すぎな　　　　　　2　そうな　　　　　　3　らしい　　　　　　4　っぽい

7 ケン　「その服、捨てるの。」

  ルイ　「うん、サイズが合わなくなったから。」

  ケン　「（　　　）、僕にちょうだい。」

  1　捨てるからといって　　　　　　　　2　捨てるくらいなら

  3　捨てるとともに　　　　　　　　　　4　捨てるといっても

8 ケン　　　「最近、成績が上がらなくて、大学をあきらめるべきかどうか悩んでいるんだ。」

  セイセイ　「成績が上がらないからといって、（　　　）よ。」

  1　勉強のし方が悪いのかもしれない

  2　あきらめるのは早いほうがいい

  3　もう少し努力すればいい

  4　今あきらめるのは早い

つぎの文の　★　に入る最もよいものを、1・2・3・4から一つえらびなさい。

1 高価な ＿＿＿ ＿＿＿ ★ ＿＿＿ とは限りません。

 1　からといって　　　 2　おいしい　　　　 3　食材を使った　　　 4　料理になる

2 彼女は日記を始めても、＿＿＿ ＿＿＿ ★ ＿＿＿ と思います。

 1　飽き　　　　　　　 2　すぐやめ　　　　 3　っぽいから　　　　 4　てしまう

3 医者に＿＿＿ ＿＿＿ ★ ＿＿＿ はいけないと言われた。

 1　明日からすぐに　　 2　退院した　　　　 3　運動を始めて　　　 4　からといって

4 親友には、一人で ＿＿＿ ★ ＿＿＿ ＿＿＿ です。

 1　話して　　　　　　 2　何でも　　　　　 3　悩まないで　　　　 4　ほしい

5 彼女は『文法Buddy』という教科書と ＿★ ＿＿＿ ＿＿＿ ＿＿＿ わけですね。

 1　を使って　　　　　　　　　　　　　 2　勉強しているから
 3　成績がいい　　　　　　　　　　　　 4　『日本語能力試験ベスト総合問題集』

6 努力をした人が ＿＿＿ ★ ＿＿＿ ＿＿＿ でしょう。

 1　とは限らないが　　　　　　　　　　 2　努力をしなければ
 3　成功はない　　　　　　　　　　　　 4　みんな成功する

7 （ルイの引っ越しを手伝っているときに）

 ケン　「今、さくらから会おうって電話が来たんだけど、行ってきてもいい？」

 ルイ　「途中で ＿＿＿ ＿＿＿ ★ ＿＿＿ ほしかったよ。」

 1　やめると　　　　　　　　　　　　　 2　最初から手伝うと
 3　言わないで　　　　　　　　　　　　 4　言うくらいなら

8 （会社に電話で）

 部長　「もしもし、おはようございます。佐藤さん、どうしましたか。」

 社員　「すみません。朝から ＿＿＿ ＿＿＿ ＿＿＿ ★ いただけませんか。」

 1　熱っぽい　　　　　　 2　休ませて　　　　 3　のどが痛くて　　　 4　ので

まず質問を聞いてください。それから話を聞いて、問題用紙の1から4の中から、最もよいものを一つえらんでください。

♪ N3-29

    1　赤い物を買う

    2　レストランをよやくする

    3　さくらさんに聞く

    4　もう少し考える

まず文を聞いてください。それから、そのへんじを聞いて、1から3の中から、最もよいものを一つえらんでください。

1	♪ N3-30	1	2	3
2	♪ N3-31	1	2	3
3	♪ N3-32	1	2	3
4	♪ N3-33	1	2	3
5	♪ N3-34	1	2	3
6	♪ N3-35	1	2	3

第6課

単語	文法の練習に出てくる難しい単語の意味を確認しましょう。

名詞

□ 観光地	tourist destination	旅游胜地	khu du lịch
□ 語彙力	vocabulary [as in knowledge of words]	词汇能力	vốn từ
□ 嗜好品	indulgence	嗜好品（酒、烟等）	xa xỉ phẩm (thuốc lá, rượu bia)
□ 祖父母	grandparents	祖父母	ông bà
□ 存在	presence	存在	sự tồn tại
□ ～地方	~ region	～地区	khu vực ~, vùng ~, địa phương ~
□ 都市部	urban areas	城市地区	khu đô thị
□ 生	raw	生的	sống
□ 年始	beginning of the year	年初	đầu năm
□ 年末	end of the year	年终	cuối năm
□ 燃料	fuel	燃料	nhiên liệu
□ 被害	damage	灾害	thiệt hại
□ 費用	expenses	费用	chi phí
□ 横顔	(looking at) face from the side	侧脸	khuôn mặt nhìn nghiêng
□ 予報	forecast	预报	dự báo
□ リーダー	leader	领导者，带头人	người dẫn đầu

な形容詞

□ 新鮮な	fresh	新鲜的	tươi mới
□ 豊かな	abundant	丰富的	phong phú

動詞

□ 応援（する）	support, encouragement; support, encourage	声援（为…助威）	sự ủng hộ; ủng hộ
□ 訪れる（する）	visit	到访，来访	thăm viếng
□ 帰省（する）	homecoming; go back home, return to hometown	回老家	sự về quê; về quê
□ 去る	leave	离开，离去	rời đi, bỏ đi
□ 上陸（する）	landfall; make landfall	登陆，着陆（登陆…）	sự lên bờ; lên bờ, đổ bộ, cập bến
□ 発生（する）	occurrence; occur	发生	sự phát sinh; phát sinh
□ 発展（する）	growth, evolution; grow, evolve	发展，进步	sự phát triển; phát triển
□ 離す	take (eyes) off	使…离开	rời khỏi, rời

副詞

□ 常に	always	经常，总是	thường xuyên, luôn luôn

その他

□ 頼りになる	dependable	可靠的，值得信赖的	đáng trông cậy, đáng tin tưởng
□ 面倒を見る	look after	照料，照顾	chăm sóc

📋 例文

① 大雨だけど、今日はテストがあるから、学校を休むわけにはいかない。

② もうすぐ試験なので、遊んでいるわけにはいかない。

③ この料理は苦手だが、部長が私のために作ってくれたから、食べないわけにもいかない。

👆 使い方

① Vる
   Vている ➕ わけにはいかない
                  わけにもいかない
② Vない

①の場合、したい気持ちはあるができない／してはいけないという意味（①②）。②の場合、したくないが、しなければならないという意味（③）。

① When used with the dictionary form of a verb, this indicates that even though the speaker would like to perform the action, it cannot or should not be done (① ②). ② When used with the *nai*-form of a verb, this means that the action must be performed, despite the speaker's desire not to do it (③). ／①这里需要用动词原形，表示虽然有想这么做的想法，但是由于客观原因不能或是没办法这么做（① ②）。②动词否定形式的情况表示"虽然不想这么做，但是不得不这么做"的意思（③）。／①Trường hợp động từ ở thể tự điển có ý nghĩa tuy muốn làm nhưng không thể / không được làm, như câu (① ②). ②Trường hợp động từ ở thể ない có nghĩa không muốn làm nhưng phải làm, như câu (③).

確認しよう

正しい文には〇、間違っている文には×を書きなさい。

1. （　　　） 彼女はまだ小学生だから、お酒を飲ませないわけにはいかない。
2. （　　　） お世話になっている先輩に誘われたら、行かないわけにもいかない。

書いてみよう

_____に言葉を入れて、文を完成させなさい。

1. 今日は車で来たので、_____わけにはいかない。

2. これはルールなのだから、_____わけにはいかない。

3. これは借りたものだから、あなたがほしいと言っても_____わけにはいかない。

4. みんな家に帰らないで頑張っているのに、私だけ_____わけにはいかない。

5. _____ら、助けないわけにはいかないでしょう。

6. 手伝ってあげたいけど、君のためにならないから、_____わけにはいかない。

7. 冷蔵庫の中のケーキを食べたいけど、_____ので、_____わけにはいかない。

8. _____けど、_____ので、_____わけにはいかない。

32 として

📝 例文

① 私は観光客ではなく、留学生として日本へ来ました。
② 彼は友達としてはいいが、恋人としては何か足りない。
③ 石油は燃料として使われている。また、せっけんなどの原料としても使われている。

👆 使い方

N として ～という立場、資格、カテゴリー、名目で、という意味を表す。

This means "as (some position/qualification/type)" or "in the role of." ／表示作为 (某种立场、资格、范畴、名义等) 的意思。／Diễn tả ý nghĩa ở lập trường, tư cách, danh mục, hạng mục là ~.

確認しよう

正しいほうを選びなさい。

1. 私は親（ として ・ にして ）子どもの幸せを常に願っています。
2. 先生（ として ・ ように ）働いている彼は、学生にとって頼りになる兄のような存在だ。

書いてみよう

＿＿＿＿＿＿＿＿＿＿に言葉を入れて、文を完成させなさい。

1. 私は＿＿＿＿＿＿＿＿＿＿＿＿＿として、彼の夢を応援しています。

2. 犬や猫は＿＿＿＿＿＿＿＿＿＿＿＿＿として人気がある。

3. 昔、お茶は＿＿＿＿＿＿＿＿＿＿＿＿として飲まれていたが、今は、嗜好品として飲まれている。

4. クラスの＿＿＿＿＿＿＿＿＿＿＿＿として、スピーチ大会に参加しました。

5. 部長が出張でいないので、部長の＿＿＿＿＿＿＿＿＿＿として＿＿＿＿＿＿＿＿＿＿＿＿＿＿＿＿。

6. 京都や奈良は＿＿＿＿＿＿＿＿＿＿＿として＿＿＿＿＿＿＿＿＿＿＿＿＿＿＿＿＿＿。

7. 私は去年大学を卒業して、＿＿＿＿＿＿＿＿＿＿として＿＿＿＿＿＿＿＿＿＿＿＿＿＿＿。

8. ＿＿＿＿＿＿＿＿＿＿として＿＿＿＿＿＿＿＿＿＿＿＿＿＿＿＿＿＿＿＿＿＿＿。

～から…にかけて

📋 **例文**

1. 台風は今晩から明日の朝にかけて上陸するでしょう。
2. 関東地方から東北地方にかけて、大雨による被害が発生した。
3. この歌手は1970年から80年代にかけて人気があったんですよ。

☝️ **使い方**

N から N にかけて

「Ａ（場所・時間）からＢ（場所・時間）にかけて」の形で、だいたいＡからＢの範囲で、という意味を表す。

Used in the pattern A (a place or time) からB (a different place or time) にかけて, this indicates a range roughly spanning from A to B. ／「A（场所/时间）からB（场所/时间）にかけて」这个形式表示大致从A到B的一个范围。／Bảng mẫu câu "A (địa điểm, thời gian) からB (địa điểm, thời gian) にかけて", diễn tả ý nghĩa là trong phạm vi tương đối từ A đến B.

確認しよう

正しいほうを選びなさい。

1. 文法の試験は9時から9時50分（　まで　・　にかけて　）の50分間です。
2. 先ほど九州地方から大阪（　まで　・　にかけて　）大きな地震が発生しました。

書いてみよう

＿＿＿＿＿＿＿＿＿＿に言葉を入れて、文を完成させなさい。

1. 日本では＿＿＿＿＿＿＿＿＿＿から＿＿＿＿＿＿＿＿＿＿にかけて、桜の花が咲きます。

2. 今週は＿＿＿＿＿＿＿＿＿＿から＿＿＿＿＿＿＿＿＿＿にかけて、関東地方で大雨が降る予報です。

3. ＿＿＿＿＿＿＿＿＿＿から＿＿＿＿＿＿＿＿＿にかけて電車が混むので、その時間は乗らないようにしている。

4. 年末から年始にかけて、帰省客が増えるため＿＿＿＿＿＿＿＿＿＿＿＿＿＿＿＿＿＿＿＿＿＿＿＿＿。

5. 昨日、＿＿＿＿＿＿＿＿＿＿ら、＿＿＿＿＿＿＿＿＿＿から＿＿＿＿＿＿＿＿＿＿にかけて痛くなった。

6. 昼過ぎから＿＿＿＿＿＿＿＿＿＿にかけて＿＿＿＿＿＿＿＿＿＿という予報だったから傘を持ってきた。

7. この辺りの山は＿＿＿＿＿＿＿＿＿＿から＿＿＿＿＿＿＿＿＿＿にかけて木々が色づき、紅葉が楽しめます。

8. ＿＿＿＿＿＿＿＿＿＿から＿＿＿＿＿＿＿＿＿＿にかけて＿＿＿＿＿＿＿＿＿＿＿＿＿＿＿＿＿＿＿＿。

34 はもちろん

📋 例文

1. このアニメは、子どもはもちろん大人も楽しめる。
2. 東京ディズニーランドは、週末はもちろん平日も人が多い。
3. この魚は新鮮で、焼いて食べるのはもちろん、生でも食べることができる。

👆 使い方

N	➕ はもちろん
Vる	
いAい	➕ のはもちろん
なАな	

「AはもちろんBも」の形で、「Aは当然のことで、さらにBも」「Aだけでなく、Bも」という意味を表す。

Used in the pattern AはもちろんBも, this means "of course A, and also B" or "not only A, but also B." ／「AはもちろんBも」这个形式表示 "不只是事情A，甚至连事情B也" "不仅仅是事情A，事情B也" 的意思。／Diễn tả ý nghĩa "A là đương nhiên, hơn thế nữa là B cũng", "không chỉ A mà cả B" bằng mẫu câu "AはもちろんBも".

確認しよう

正しいほうを選びなさい。

1. この日本語学校では（　日本語　・　日本文化　）はもちろん（　日本語　・　日本文化　）も学べます。

2. 文法を（　覚える　・　覚えるの　）はもちろん、語彙力も上げないと、N3に合格しない。

書いてみよう

_____に言葉を入れて、文を完成させなさい。

1. クラスのリーダーの彼は、勉強はもちろん_____もできる。

2. あのラーメン屋は、ラーメンが_____はもちろん、チャーハンも人気がある。

3. 病気になると、本人はもちろん_____もつらいので、健康に気をつけましょう。

4. 京都は観光地として有名で、_____はもちろん_____もよく訪れる。

5. 彼は人気がある。_____はもちろん_____からだ。

6. 彼女の趣味は料理だ。_____はもちろん_____そうだ。

7. 学校は禁煙です。_____はもちろん_____でもたばこを吸わないでください。

8. 健康のためには、_____はもちろん_____。

📋 例文

1 電車に乗っている間、ずっと家族とチャットをしていました。
2 子どもが小さい間は、目が離せないので大変だ。
3 お風呂に入っている間に、地震が起きて怖かった。

👆 使い方

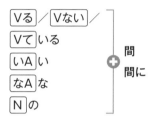

何かが続いている期間を表す。「～間」は、その期間ずっと継続している状態や行動が（1 2）、「～間に」は、その期間内に起こることやすることが後ろに来る（3）。

This expresses duration or a period when something continues. ～間 indicates the state or action continues throughout the period (1 2), while ～間に indicates an event or action that takes place at some time during the period (3). ／表示某件事情持续进行的期间。「～間」表示在这个期间一直持续着的某个状态或某种行动 (1 2)；「～間に」表示在这个期间内，发生了或是做了后文里的事情 (3)。／Diễn tả khoảng thời gian mà điều gì đó tiếp diễn. "～間" là tình trạng hay hành động liên tục được duy trì trong khoảng thời gian đó, như câu (1 2) nhưng "～間に" thì việc xảy ra hay làm trong khoảng thời gian đó đi sau, như câu (3).

確認しよう

正しいほうを選びなさい。

1. 子どもが（ 寝ている ・ 寝ていない ）間に、部屋を掃除した。
2. 彼女が花火を見ている（ 間 ・ 間に ）、私はずっと彼女の横顔を見ていた。

書いてみよう

_____に言葉を入れて、文を完成させなさい。

1. _____間に、京都や奈良を観光しようと思っています。

2. 旅行で家に_____間に、庭の花が枯れてしまった。

3. 子どもの頃、母が料理を_____間、弟の面倒を見ていた。

4. 学生「学校で携帯電話を使ってもいいですか。」

   先生「ええ、いいですよ。でも、_____間は_____。」

5. 台風は去ったが、風が_____間は、外に_____ほうがいい。

6. 祖父母がうちに遊びに来ている間に、_____。

7. _____間に_____。

36 一方

📄 例文

① お母さんはいつも優しい一方、怒るととても怖い。

② 留学生活は費用の面で大変な一方で、国にいたらできないいろいろな経験ができる。

③ ケンさんは日本語学校で勉強している一方で、コンビニでアルバイトもしている。

👆 使い方

「A一方で、B」の形で、Aとは反対にBだという対比を表す（①②）。Aだが、それと同時にBだということを表すこともある（③）。

Used in the form A一方で、B, this sets up a contrast between A and B, i.e., "on one hand A, on the other hand, B" (① ②). It is also used to indicate that B is an action or state that occurs in the same time frame as A (③). ／「A一方で、B」这个形式表示对比，有"虽然事情A是事实，但也有与事情A相反的事情B的情况"的意思（① ②）。表示"事情A跟事情B同时具有"（③）。／ Diễn tả sự so sánh ngược lại với A là B bằng mẫu câu "A一方で、B", như câu (① ②). Cũng có khi diễn tả A nhưng đồng thời với đó là B, như câu (③).

確認しよう

正しいほうを選びなさい。

1. 父は大学で文学を教える（ 一方 ・ ながら ）、小説を書いている。
2. 教師は学生を叱る一方で、ほめることも（ 忘れてはいけない ・ 忘れたほうがいい ）。

書いてみよう

＿＿＿＿＿＿＿＿＿に言葉を入れて、文を完成させなさい。

1. ロバートさんは勉強が得意な一方で、＿＿＿＿＿＿＿＿＿＿＿＿＿＿＿＿＿＿。

2. 新しいアパートは駅から＿＿＿＿＿＿＿＿＿＿＿一方で＿＿＿＿＿＿＿＿＿＿＿＿＿。

3. 一人暮らしは＿＿＿＿＿＿＿＿＿一方、何でも一人でしなければならないので＿＿＿＿＿＿＿＿。

4. 兄弟でも性格は全然違う。兄は＿＿＿＿＿＿＿＿＿一方で、弟は＿＿＿＿＿＿＿＿＿＿＿。

5. 地方は、＿＿＿＿＿＿＿＿＿＿＿＿＿＿＿一方、都市部は人口の増加に悩んでいる。

6. 科学技術の発展は、＿＿＿＿＿＿＿＿＿＿＿一方で、環境を＿＿＿＿＿＿＿＿＿＿＿＿。

7. この地球上では＿＿＿＿＿＿＿＿＿人がいる一方、＿＿＿＿＿＿＿＿＿＿＿＿人もいる。

8. ＿＿＿＿＿＿＿＿＿＿＿＿＿＿＿一方で、＿＿＿＿＿＿＿＿＿＿＿＿＿＿＿＿＿。

問題1　読解（内容理解 - 短文 Comprehension - Short passages）

つぎの(1)と(2)の文章を読んで、質問に答えなさい。答えは、1・2・3・4から最もよいものを一つえらびなさい。

(1)

これは観光案内のパンフレットの文章である。

> 　横浜ランドマークタワーや山下公園は観光地としてはもちろん、デートスポットとしても人気がある。横浜ランドマークタワーの展望台からは美しい景色を楽しむことができる。特に、夕方から日が沈む頃にかけてはロマンチックな雰囲気になる。山下公園は、海に面して700メートルも続く公園で、散歩するだけでももちろん楽しいが、芝生にシートを敷いて海を見ながらピクニックするのもいい。どちらも最高の海の景色が楽しめる。海を眺めながらお互いの夢など語れば2人の距離はぐっと縮むだろう。

1　横浜ランドマークタワーはどんなところか。
1　海の景色が見られる場所である。
2　ピクニックができる場所がある。
3　散歩コースとして人気がある。
4　海に面した公園の中にある。

(2)

これはケンさんが書いた日記である。

> 目が覚めると11時だった。さくらとの待ち合わせは11時半だ。初めてのデートに遅れるわけにはいかないと思って、僕は慌てて家を出た。ちょっと遅刻したが、さくらは笑顔で迎えてくれた。僕たちはまず横浜ランドマークタワーの展望台に上ることにした。そこからの景色は素晴らしかった。それから、山下公園で海を見ながら、お互いの家族や趣味や夢などについて話した。夜には花火も上がって、さらにいい雰囲気になった。花火を見ている間、さくらはずっと笑顔だった。さくらが花火を見ている一方で、僕はさくらのきれいな横顔を見ながら、幸せを感じていた。今日のデートは僕の遅刻以外、大成功だった。

1 ケンさんは初めてのデートについてどう思っているか。

1 何も問題がなく、とてもいいデートだったと思っている。

2 デートの間ずっとさくらさんの笑顔が見られてよかったと思っている。

3 花火がなかったら、いいデートにはならなかったと思っている。

4 デートに遅刻したことはよくなかったが、満足している。

横浜みなとみらい21の風景
（一番高いビルが横浜ランドマークタワー）

つぎの文の（　　　）に入れるのに最もよいものを、1・2・3・4から一つえらびなさい。

1 （コンビニのアルバイトで）

店長　「11時半ぐらいから店が混み始めるから、お客さんがいない（　　　）間に少し休もう。」

ケン　「はい。そうしましょう。」

1　暇　　　　　　　2　暇の　　　　　　3　暇な　　　　　　4　暇で

2 彼は若い頃モデルだったが、今は俳優（　　　）活躍している。

1　とともに　　　　2　として　　　　　3　において　　　　4　にとって

3 料理を習いに行きたいと思っているが、時間がなくて（　　　）。

1　習いに行けない　　　　　　　　　　2　習うわけにはいかない

3　習わないようにしている　　　　　　4　早く行こうと思っている

4 明日は九州地方から広島県（　　　）大雨になるでしょう。

1　にかけて　　　　2　の間　　　　　　3　のうちに　　　　4　によって

5 さくらという恋人ができて生活が楽しくなった（　　　）、将来の不安もある。

1　一方で　　　　　2　にしたがって　　3　せいで　　　　　4　うちに

6 （新幹線の中で）

高野　「富士山はそろそろ見えてきますか。」

田代　「えっ、高野さんが（　　　）間に、もう通り過ぎましたよ。」

1　寝る　　　　　　2　寝た　　　　　　3　寝て　　　　　　4　寝ている

7 高橋　「北海道はやっぱり魚がおいしいんですか。」

白鳥　「海の物（　　　）、ジャガイモやトウモロコシなどもおいしいんですよ。」

1　なら　　　　　　2　一方で　　　　　3　に関して　　　　4　はもちろん

8 安東　「プロジェクトも終わったし、金曜日だし、今晩、飲みに行きませんか。」

今入　「すみません。今日は妻が出張中で子どもが1人で待っているので（　　　）んです。」

1　行かないようにしている　　　　　　2　行かないつもりだった

3　行くわけにはいかない　　　　　　　4　行ってほしくない

問題3　文法（文の組み立て Sentence composition）

つぎの文の＿★＿に入る最もよいものを、1・2・3・4から一つえらびなさい。

1 多くの人が10代後半から20代前半に＿＿＿　＿＿＿　＿★＿　＿＿＿います。

 1　さまざまな経験を   2　かけて

 3　しながら   4　一生の友達を作って

2 彼女は＿＿＿　＿＿＿　＿★＿　丁寧にアドバイスをくれる。

 1　である   2　厳しい上司   3　一方で   4　部下の悩みには

3 旅行と歴史が好きな彼は＿★＿　＿＿＿　＿＿＿見て回っている。

 1　はもちろん   2　歴史的な名所も   3　海外の   4　国内

4 友達が＿★＿　＿＿＿　＿＿＿でしょう。

 1　助けない   2　困っている   3　ときは   4　わけにはいかない

5 東京に行った先輩の話によると、都会は＿＿＿　＿★＿　＿＿＿　＿＿＿そうだ。

 1　生活費が   2　便利な   3　高くて大変だ   4　一方で

6 このレストランは、＿＿＿　＿＿＿　＿★＿　＿＿＿ことができます。

 1　ピアノの演奏も   2　食事   3　楽しむ   4　はもちろん

7 佐藤　「夏休みはどうでしたか。」

 戸田　「妻が体調を＿＿＿　＿＿＿　＿★＿　＿＿＿看病をしていました。」

 1　妻の   2　崩してしまって   3　休みの   4　間ずっと

8 （母親と先生が電話で）

 母親　「うちの子は学校でどうですか。」

 先生　「そうですね。成績もいいし、クラスの＿＿＿　＿★＿　＿＿＿　＿＿＿したりして頑張っていますよ。」

 1　まとめたり   2　リーダーとして

 3　クラスメートの意見を   4　先生の手伝いを

まず質問を聞いてください。そのあと、問題用紙を見てください。読む時間があります。それから話を聞いて、問題用紙の1から4の中から、最もよいものを一つえらんでください。

♪ N3-36

1　てんぼう台に上る

2　映画を見る

3　ゲームをする

4　テニスをする

まず文を聞いてください。それから、そのへんじを聞いて、1から3の中から、最もよいものを一つえらんでください。

1	♪ N3-37	1	2	3
2	♪ N3-38	1	2	3
3	♪ N3-39	1	2	3
4	♪ N3-40	1	2	3
5	♪ N3-41	1	2	3
6	♪ N3-42	1	2	3

第 **7** 課

単語	文法の練習に出てくる難しい単語の意味を確認しましょう。

名詞

☐ 屋内	indoor	室内的	trong nhà
☐ 絵画	paintings	绘画，画	sự vẽ tranh, tranh vẽ
☐ 感じ	sense	感觉	cảm giác
☐ 現在	nowadays, currently	现在	hiện tại
☐ 国籍	nationality	国籍	quốc tịch
☐ 寒気	the chills	身体感觉冷	ớn lạnh
☐ 新入社員	new hires	新来的职员	nhân viên mới
☐ 睡眠	sleep	睡眠	giấc ngủ, sự ngủ
☐ 地域	community	地区，地域	khu vực
☐ 昼夜	day and night	日夜	ngày đêm
☐ 天候	weather, climate	天气	thời tiết
☐ 年賀状	New Year's greeting card	贺年卡	thiệp mừng năm mới
☐ 不在	absence, being away	不在场	vắng mặt
☐ 燃えるごみ	combustible garbage	可燃垃圾	rác cháy được
☐ ～の有無	whether or not ~	~ 的有无	có hay không ~
☐ やる気	motivation	干劲儿	động lực, hứng thú

動詞

☐ 腐る	spoil	变质，腐坏	thối rữa, thiu
☐ 採用（する）	hiring; hire	录用，采用	sự tuyển dụng; tuyển dụng

📝 **例文**

① 日本語能力試験Ｎ３に合格でき**ますように**。
② 明日は遠足です。雨が降り**ませんように**。
③ 誕生日おめでとうございます。すてきな１年になり**ますように**、お祈りしています。

👆 **使い方**

Vます	➕ ますように
	ませんように

願ったり祈ったりする時に使う。③のように手紙やメールの最後の挨拶としても使う。

This is used to wish or pray for something. As seen in ③, it can be used to express well wishes at the end of a letter or email. ／在祈祷、祈愿的时候使用。也可以像③这样，在写信或者发信息的时候作为结尾问候来使用。／Sử dụng khi mong muốn, cầu nguyện. Cũng sử dụng như câu chào kết thúc trong thư từ hay e-mail, như câu ③.

確認しよう

正しいほうを選びなさい。
1．正月は神社で家族が幸せに暮らせます（　ように・　ために　）とお願いしました。
2．明日は晴れて、ピクニックへ（　行きます　・　行けます　）ように。

書いてみよう

_____に言葉を入れて、文を完成させなさい。

1．（妹が入院しました）　→早く_____ように。

2．（サッカーの試合に出たい）　→_____ように。

3．（試験に失敗したくない）　→_____ように。

4．（日本に留学する友達に）　→日本で_____ように。

5．（手紙の最後に）　→　ご家族の皆様が_____ようにお祈り申し上げます。

6．（面接試験を受ける先輩に）　→_____ように、お祈りしています。

7．_____と祈りながら宝くじを買った。

8．_____ますように。

38 ことになる

例文

1 転勤で大阪に引っ越すことになりました。

2 さくらさんと付き合えることになって、うれしいです。

3 教室では食べてはいけないことになっています。

使い方

Vる
Vない ＋ ことになる

自分の意志ではなく、〜に決まる、〜の結果になるということを表す（1 2）。組織の決定によく使われる。「ことになっている」で、ルール、習慣、計画を表す（3）。

This expresses that some decision or result has come about, independent of the speaker's volition (1 2). This usage is common when talking about decisions made by an organization. In the pattern ことになっている, it expresses a rule, custom, or plan (3). ／不是出自自己的决定跟意志，而是因为客观原因，有了这样的结果（1 2）。往往用在集体或组织的决定上。而「ことになっている」表示规则规定、习惯、计划等（3）。／Diễn tả việc được quyết định ~, trở nên kết quả ~ chứ không phải do ý chí của mình, như câu (1 2). Thường được sử dụng trong quyết định của tổ chức. Bằng "ことになっている" diễn tả quy định, thói quen, kế hoạch, như câu (3).

第7課 文法の練習

確認しよう

正しいほうを選びなさい。

1．日本では、車は左側を走ることに（　なります　・　なっています　）。

2．父が倒れて入院することに（　した　・　なった　）ので、手伝いに行った。

書いてみよう

＿＿＿＿＿＿＿に言葉を入れて、文を完成させなさい。

1．面接に合格して、来月からこの会社で＿＿＿＿＿＿＿＿＿＿＿＿＿＿＿＿ことになりました。

2．この学校では授業中＿＿＿＿＿＿＿＿＿＿＿＿＿＿＿ことになっています。

3．この地域は、燃えるごみは水曜日と土曜日に＿＿＿＿＿＿＿＿＿＿＿＿ことになっています。

4．部長が＿＿＿＿＿＿＿＿＿＿＿＿＿＿＿＿、私が会議に出席することになりました。

5．このマンションでは＿＿＿＿＿＿＿＿＿＿＿＿＿＿＿＿＿ことになっています。

6．＿＿＿＿＿＿＿＿＿＿＿＿＿＿＿＿＿＿＿ので、引っ越すことになりました。

7．新入社員が入ってきたので、来週＿＿＿＿＿＿＿＿＿＿＿＿＿＿＿ことになりました。

8．＿＿＿＿＿＿＿＿＿＿＿＿＿＿＿＿＿＿＿＿＿＿＿ことになっています。

📄 例文

1. 隣（となり）の部屋（へや）から変（へん）な音（おと）がします。
2. 道（みち）を歩（ある）いていたら、レストランからいい匂（にお）いがして、おなかが空（す）いてきた。
3. 誰（だれ）か来（き）た感（かん）じがしたので、ドアを開（あ）けてみたが、誰（だれ）もいなかった。

👆 使い方

N ➕ がする | 匂（にお）い、音（おと）、声（こえ）、味（あじ）、感（かん）じなど、五感（ごかん）で感（かん）じたことを表（あらわ）す。「寒気（さむけ）」「吐（は）き気（け）」など、体（からだ）の不調（ふちょう）を表（あらわ）す言葉（ことば）にも使（つか）える。

This expresses a physical sensation, such as a smell, sound, voice, taste, or feeling. It can also be used with expressions indicating the person does not feel well, such as 寒気（さむけ） or 吐（は）き気（け）. ／表示 "气味、外界的声音、人和动物的声音、味觉、感觉" 等用五官来感知的感觉。也用在表示身体不舒服的词汇上，比如「寒気（さむけ）」「吐（は）き気（け）」等。 ／Thể hiện sự cảm nhận được bằng năm giác quan như mùi, tiếng động, tiếng nói, vị, cảm thấy v.v. Có thể sử dụng trong từ ngữ thể hiện tình trạng không khỏe của cơ thể như "寒気（さむけ）(ớn lạnh)", "吐（は）き気（け）(buồn nôn)" v.v.

確認しよう

正（ただ）しいほうを選（えら）びなさい。

夫（とな）「隣（となり）からカレーのいい匂（にお）い（　が　・　に　）するね。」
妻（つま）「本当（ほんとう）だ。晩（ばん）ご飯（はん）はうちもカレー（　が　・　に　）しようよ。」

書いてみよう

＿＿＿＿＿＿＿＿＿＿に言葉（ことば）を入（い）れて、文（ぶん）を完成（かんせい）させなさい。

1. この牛乳（ぎゅうにゅう）は腐（くさ）っていますね。＿＿＿＿＿＿＿＿＿＿＿＿＿＿＿がします。

2. 隣（となり）の部屋（へや）の窓（まど）が＿＿＿＿＿＿＿＿＿＿＿＿がしましたね。大丈夫（だいじょうぶ）かどうかちょっと見（み）てきます。

3. ＿＿＿＿＿＿＿＿＿＿＿＿＿＿＿＿＿＿＿＿＿＿がします。火事（かじ）のようです。

4. 家（いえ）の前（まえ）の公園（こうえん）から子（こ）どもたちが＿＿＿＿＿＿＿＿＿＿＿＿＿＿＿＿＿がします。

5. ＿＿＿＿＿＿＿＿＿＿＿＿＿＿＿＿がするシャンプーを使（つか）っています。

6. 風邪（かぜ）でしょうか。寒気（さむけ）もするし、＿＿＿＿＿＿＿＿＿＿＿＿＿＿＿もします。

7. この食堂（しょくどう）の料理（りょうり）は母（はは）の味（あじ）と似（に）ていて、食（た）べると＿＿＿＿＿＿＿＿＿＿＿＿＿＿＿がする。

8. ＿＿＿＿＿＿＿＿＿＿＿＿＿＿がするので、＿＿＿＿＿＿＿＿＿＿＿＿＿＿＿＿＿。

40 らしい

📅 ＿＿＿月＿＿＿日

📝 例文

1. あのレストランは値段も安いし、味もいいらしい。
2. ケンさんとさくらさんは付き合っているらしい。
3. 兄の話によると、日本語の勉強は楽しいが、漢字を覚えるのが大変らしい。

☝ 使い方

自分が見たり聞いたりした情報から、たぶん〜と思う、と述べる時に使う推量表現。また、誰かに聞いた情報を述べる場合にも使う。

This conjectural expression is used to state a speculation based on what the speaker has seen or heard. It is also used to convey hearsay. ／通过从自己看到的听到的而获得的信息里面推测出"可能是…"的时候使用。另外，也在"讲述从别人那里听来的信息"的时候使用。／Đây là cách diễn đạt ước đoán sử dụng khi trình bày rằng nghĩ có lẽ là ~ từ những thông tin mà mình nhìn thấy, nghe được. Ngoài ra, còn sử dụng trong trường hợp trình bày về thông tin nghe được từ ai đó.

確認しよう

正しいものを選びなさい。

1. 明日は（　雨　・　雨の　・　雨だ　）らしいから、傘を持って行ったほうがいい。
2. あの犬、おいし（　そうに　・　らしく　）食べているね。餌が気に入った（　らしい　・　そうだ　）。

書いてみよう

＿＿＿＿＿＿＿＿に言葉を入れて、文を完成させなさい。

1. 天気予報によると、＿＿＿＿＿＿＿＿＿＿＿＿＿＿らしい。

2. 日曜日に＿＿＿＿＿＿＿＿＿＿＿＿＿＿＿＿＿らしいんだけど、さくらさんは行く？

3. まさよ　「あそこに人がたくさん集まっているけど、何かあったの？」

   いろは　「うん。＿＿＿＿＿＿＿＿＿＿＿＿＿＿＿＿＿らしいよ。」

4. 駅前に＿＿＿＿＿＿＿＿＿らしいです。映画が好きなので、できたら行ってみようと思います。

5. 睡眠をとらないのはもちろん、とりすぎるのも＿＿＿＿＿＿＿＿＿＿＿＿＿＿＿らしい。

6. 彼は＿＿＿＿＿＿＿＿＿＿＿＿＿＿＿＿＿らしい。どうりで授業中眠そうなわけだ。

7. セイセイさんは、今日＿＿＿＿＿＿＿＿＿＿＿＿＿＿＿＿＿＿＿＿らしい。

8. ＿＿＿＿＿＿＿＿＿らしいので、＿＿＿＿＿＿＿＿＿＿＿＿＿＿＿＿＿＿＿。

41 を問わず

📋 例文

① 新宿や渋谷など東京の街は昼夜を問わず、にぎやかだ。

② この店は国籍を問わず、アルバイトを募集している。

③ やる気のある人なら、経験の有無を問わず、採用したいと考えています。

👆 使い方

N ➕ を問わず　　〜に関係なく、〜を問題にしないでという意味を表す。「男女」「有無」など反対の意味を持つ語や、「国籍」「年齢」「経験」「天気」などの語と一緒によく使う。

This means "regardless of" or "no matter (whether)." It is often used with words that combine antonyms, such as 男女 or 有無, and with worlds like 国籍, 年齢, 経験, or 天気. ／表示"与...没关系""不会在意/考虑...的问题"的意思。「男女」「有無」这种表示正反两面意思的词语以及「国籍」「年齢」「経験」「天気」这样的词语经常使用。／Thể hiện ý nghĩa không liên quan đến ~, ~ thì không thành vấn đề. Thường sử dụng từ có nghĩa đối lập như "男女(nam nữ)", "有無(có không)", hay từ "国籍(quốc tịch)", "年齢(tuổi tác)", "経験(kinh nghiệm)", "天気(thời tiết)" v.v.

確認しよう

正しいものを選びなさい。

1．このゲームは年齢を問わず、（　何でも　・　いつでも　・　誰でも　）楽しめます。

2．ここは屋内なので、（　天候　・　年齢　・　経験　）を問わず、いつでもスポーツができます。

書いてみよう

＿＿＿＿＿＿＿に言葉を入れて、文を完成させなさい。

1．明日のパーティーは1,000円払えば、予約の有無を問わず、＿＿＿＿＿＿＿＿＿＿＿＿＿＿。

2．この歌は＿＿＿＿＿＿＿＿＿を問わず、＿＿＿＿＿＿＿＿＿＿＿＿＿。

3．あの男の子は元気で、＿＿＿＿＿＿＿＿を問わず、いつも半ズボンを＿＿＿＿＿＿＿＿。

4．音楽や絵画など芸術は＿＿＿＿＿＿＿＿を問わず、感動を与えるものです。

5．インターネットがつながれば、＿＿＿＿＿＿＿＿を問わず、＿＿＿＿＿＿＿＿＿＿＿。

6．このアニメは＿＿＿＿＿＿＿＿を問わず、＿＿＿＿＿＿＿＿＿＿＿＿＿。

7．＿＿＿＿＿＿＿＿を問わず、＿＿＿＿＿＿＿＿＿＿＿＿＿＿＿べきだ。

8．＿＿＿＿＿＿＿＿を問わず、＿＿＿＿＿＿＿＿＿＿＿＿＿＿。

📝 例文

1 雨が降ったので、子どもを海へ連れて行くかわりに屋内プールへ連れて行った。
2 母が病気で寝ていたので、昨日は母のかわりに私がご飯を作りました。
3 弟の宿題を見てやったかわりに、おやつを半分もらった。

👆 使い方

① Vる
　 Nの
② 普
　 *なAな／である
　 *Nの／である
　➕ かわりに

「AかわりにB」の形で、①Aではなく、Bをする（1 2）という意味や、②Aの交換条件／代償としてBをする（3）という意味を表す。

Used in the pattern AかわりにB, this indicates: ① B is done instead of A (1 2), or ② B is done in exchange or compensation for A (3)./「AかわりにB」这个形式有①②两个意思。①表示不是事情A，而是做事情B (1 2)；②表示作为事情A的交换条件或者代价，而做事情B (3)。／Bằng mẫu câu "AかわりにB", diễn tả ý nghĩa ① Không phải làm A mà làm B, như câu (1 2), hoặc ②Làm B như là điều kiện trao đổi / bồi thường A, như câu (3).

確認しよう

正しいほうを選びなさい。

1．雨が降っているので、外で遊ぶ（　とおりに　・　かわりに　）うちでゲームをすることにした。
2．このアパートは駅から近くてきれいなかわりに、（　家賃が高い　・　家賃が安い　）。

書いてみよう

＿＿＿＿＿＿＿＿＿に言葉を入れて、文を完成させなさい。

1．箸がなかったので、＿＿＿＿＿＿＿＿＿＿のかわりに＿＿＿＿＿＿＿＿＿＿を使った。

2．この仕事は＿＿＿＿＿＿＿＿＿＿かわりに、＿＿＿＿＿＿＿＿＿＿＿＿＿＿。

3．社長が出張で不在だったので、＿＿＿＿＿＿＿＿＿のかわりに＿＿＿＿＿＿＿＿＿＿＿＿。

4．映画館へ行く予定でしたが、大雨だったので、＿＿＿＿＿＿＿のかわりに家で＿＿＿＿＿＿＿。

5．日本語がわからなかったので、「ありがとう」と言うかわりに、＿＿＿＿＿＿＿＿＿＿＿＿＿。

6．彼の秘密を＿＿＿＿＿＿＿＿＿＿ないかわりに、彼に＿＿＿＿＿＿＿＿＿＿＿＿＿＿。

7．昔は年賀状を出す人が多くいたが、現在は＿＿＿＿＿＿＿のかわりに、＿＿＿＿＿＿＿人が増えた。

8．＿＿＿＿＿＿＿＿＿＿のかわりに、＿＿＿＿＿＿＿＿＿＿＿＿＿＿＿＿。

問題1　読解（内容理解 - 中文 Comprehension - Mid-size passages）

つぎの文章を読んで、質問に答えなさい。答えは、1・2・3・4から最もよいものを一つえらびなさい。

これは日本語学校に通っているケンさんが書いた文である。

> 来月、日本語学校のバス旅行で箱根に行くことになりました。箱根は四季を問わず楽しめる観光地で、ロープウェイに乗ったり、湖でボートに乗ったりできるそうです。
>
> ①僕は特に大涌谷が楽しみです。そこは、卵が腐ったようなにおいがすると先生が言ったからです。実際にどんなにおいか、かいでみたいです。それから、大涌谷の温泉で作った「黒たまご」というゆで卵は有名で、1つ食べると7年寿命が延びると言われていると先生が教えてくれました。それもぜひ試してみたいです。
>
> ルイは家族で箱根に行ったことがあるから、②箱根のかわりに富士山に行きたいらしいです。僕は初めてなので、とても楽しみですが、2回目のルイも楽しめるように、お勧めのお土産や写真映えするスポットをネットで調べようと思います。
>
> 雨だとあまり楽しめないかもしれません。バス旅行の日は、いい天気になりますように。

大涌谷

1 ケンさんは「箱根」はどんな観光地だと言っているか。

1 温泉がたくさんある静かな観光地

2 一年中いつでも楽しめる観光地

3 写真映えするスポットがたくさんある観光地

4 天気を問わず楽しめる観光地

2 ①僕は特に大涌谷が楽しみですとあるが、それはなぜか。

1 ロープウェイやボートに乗れるから

2 腐った卵のようなにおいをかいでみたいから

3 寿命が7年延びると言われているから

4 「黒たまご」を作ってみたいから

3 ②箱根のかわりに富士山に行きたいとあるが、それはなぜか。

1 大勢で楽しむには富士山のほうがいいから

2 家族で箱根に行くつもりだったから

3 クラスの誰も富士山に行ったことがないから

4 以前箱根に行ったことがあるから

つぎの文の（　　　）に入れるのに最もよいものを、1・2・3・4から一つえらびなさい。

1 母は昼夜（　　　）働いて、私たちを育ててくれた。

　　1　の間　　　　　　2　のかわりに　　　　3　にしたがって　　　4　を問わず

2 天気予報を見たんですが、遠足で箱根に行く日は雨だ（　　　）です。

　　1　っぽい　　　　　2　よう　　　　　　　3　そう　　　　　　　4　らしい

3 先生からの年賀状には「あなたにとっていい一年に（　　　）」と書いてあった。

　　1　なりましたら　　　　　　　　　　　2　なりますように

　　3　ならせてください　　　　　　　　　4　なっていただけませんか

4 北海道に転勤が決まったんですが、家族は一緒には（　　　）ことになりました。

　　1　来る　　　　　　2　来て　　　　　　3　来ない　　　　　　4　来なくて

5 ケンさんは来週のパーティーに来られないと言っていました。テスト勉強で（　　　）らしい
　です。

　　1　いそがし　　　　2　いそがしい　　　3　いそがしくて　　4　いそがしかった

6 金澤　「誰か外にいる感じ（　　　）しませんか。」
　伊藤　「そうですね。怖いですから、一緒に見に行ってみましょう。」

　　1　が　　　　　　　2　で　　　　　　　3　に　　　　　　　4　を

7 店長　「ケンさんが風邪で休むことになったんですが、ケンさん（　　　）アルバイトに来ら
　　　　れませんか。」

　　さくら　「はい。私もさっきケンから電話をもらいました。大丈夫です。行きます。」

　　1　を問わず　　　　2　らしく　　　　　3　のかわりに　　　4　のとおりに

8 先生　「あさってのスポーツ大会は来週（　　　）。」
　学生　「どうしてですか。」
　先生　「昨日の大雨でグラウンドが使えなくなったんです。」

　　1　行おうとしています　　　　　　　　2　行おうとしました

　　3　行うことになっています　　　　　　4　行うことになりました

問題3　文法（文の組み立て Sentence composition）

つぎの文の ___★___ に入る最もよいものを、1・2・3・4から一つえらびなさい。

1 インターネットの普及によって _____ _____ ___★___ _____ 人が増えてきた。

   1　かわりに　　　　　2　何でもメールで　　　3　済ませる　　　　　4　手紙を書く

2 我が社は、_____ ___★___ _____ _____ 会社です。

   1　年齢や経験　　　　2　が言える　　　　　3　自由に意見　　　　4　を問わず

3 大学のホームページに試験結果が出た日、どうか _____ _____ ___★___ _____ 。

   1　祈りながら　　　　　　　　　　　　　2　パソコンを開いた

   3　ようにと　　　　　　　　　　　　　　4　合格しています

4 さっき社長に _____ _____ ___★___ _____ 急いで準備します。

   1　急に名古屋に　　　2　呼ばれて　　　　　3　なったので　　　　4　出張することに

5 空 ___★___ _____ _____ _____ したら雨が降ってきた。

   1　しばらく　　　　　2　が光った後　　　　3　雷の大きい音　　　4　がして

6 ケンさんは宿題を _____ _____ ___★___ _____ とても焦っていた。

   1　持ってくる　　　　2　忘れた　　　　　　3　のを　　　　　　　4　らしくて

7 黒猫に前を通られると、何か _____ _____ ___★___ _____ します。

   1　ような　　　　　　2　悪いことが　　　　3　起きる　　　　　　4　予感が

8 （電話で）

   スレス　「留学生なんですが、このアルバイトは私でもできますか。」

   店長　　「ええ、日本語に _____ _____ _____ ___★___ 履歴書を持ってきてください。」

   1　誰でもできる　　　2　ので　　　　　　　3　国籍を問わず　　　4　問題がなければ

　この問題は、ぜんたいとしてどんないようかを聞く問題です。話の前に質問はありません。まず話を聞いてください。それから、質問とせんたくしを聞いて、1から4の中から、最もよいものを一つえらんでください。

♪ N3-43

　　　　　　　　1　　　　　　2　　　　　3　　　　　4

　まず文を聞いてください。それから、そのへんじを聞いて、1から3の中から、最もよいものを一つえらんでください。

1 ♪ N3-44　　　　1　　　　2　　　　3

2 ♪ N3-45　　　　1　　　　2　　　　3

3 ♪ N3-46　　　　1　　　　2　　　　3

4 ♪ N3-47　　　　1　　　　2　　　　3

5 ♪ N3-48　　　　1　　　　2　　　　3

6 ♪ N3-49　　　　1　　　　2　　　　3

第 8 課

単語 文法の練習に出てくる難しい単語の意味を確認しましょう。

名詞

☐ 温暖化	global warming	全球变暖	sự nóng lên toàn cầu
☐ 温度	temperature	温度	nhiệt độ
☐ 機関	institution	机关，机构	cơ quan
☐ 高齢者	seniors	老年人	người cao tuổi
☐ 国民	citizens, the people	国民	quốc dân
☐ 国会議事堂	National Diet Building	国会议事堂	tòa nhà Quốc hội
☐ スポーツジム	fitness center	健身房	tập gym
☐ 中旬	middle third of a month	中旬	trung tuần
☐ 花束	bouquet	花束	bó hoa
☐ 不満	dissatisfaction	不满，抱怨	bất mãn
☐ 真冬	midwinter	严冬	giữa mùa đông
☐ 目上	superior	上司，长辈	thứ bậc trên

動詞

☐ 温める	heat, warm	加热	làm ấm, giữ ấm
☐ あふれる	overflow	溢出	tràn, ngập
☐ 違反（する）	violation; violate, break (a rule)	违反，违规	sự vi phạm; vi phạm
☐ 演技（する）	acting; act	演技（演绎…）	sự diễn xuất; diễn xuất
☐ 起業（する）	starting up a business; start up a business	创业（开公司）	sự khởi nghiệp; khởi nghiệp
☐ 終了（する）	end	结束	sự kết thúc; kết thúc
☐ 成長（する）	growth; grow	成长	sự trưởng thành; trưởng thành
☐ 呼び止める	(call someone to) stop	叫住，喊住	gọi chặn lại

副詞

☐ あたかも	as if	犹如，就好像	hệt như, như thể
☐ さも	as if	好像，仿佛	như thể

その他

☐ 約〜	approximately 〜	大概〜	khoảng 〜

📋 例文

1 東京では３月の中旬から桜の花が咲き始めます。

2 日本語を習い始めたのは、今から約１年半前です。

3 先週図書館から借りた本をやっと読み終わりました。

👆 使い方

| Vます ➕ | 始める 終わる |

「～始める」は、～という動作を始めることを表す（1 2）。「～終わる」は、～という動作が終わることを表す（3）。

～始める means that the action indicated by ～ will begin (1 2). ～終わる means that the action indicated by ～ will end (3). ／「～始める」这个形式表示某个动作的开始（1 2）。「～終わる」这个形式表示某个动作的结束（3）。／Bằng "～始める", diễn tả việc bắt đầu động tác ～, như câu (1 2). Bằng "～終わる" diễn tả việc động tác ～ kết thúc, như câu (3).

確認しよう

正しいほうを選びなさい。

1．子どもの頃、よく母に勉強（　終わって　・　し終わって　）から、遊びなさいと言われた。

2．テストの答えを全部（　書き終わる　・　書き始める　）前に、終了のベルが鳴った。

書いてみよう

文を完成させなさい。＿＿＿＿＿＿＿＿は「始める」「終わる」のどちらかを必ず使って書きなさい。

1．友達は先週からコンビニで＿＿＿＿＿＿＿＿＿＿＿＿＿＿。

2．とても難しい本なので、なかなか＿＿＿＿＿＿＿＿＿＿＿＿＿。

3．今から作文のテストを始めます。＿＿＿＿＿＿＿＿＿＿＿人から帰ってもいいです。

4．スレスさんは、最近太ってきたらしくて、明日からスポーツジムに＿＿＿＿＿＿＿ようです。

5．天気予報のとおりに、雨が＿＿＿＿＿＿＿＿＿＿＿＿。

6．先生が話している途中で話さないでください。先生が＿＿＿＿＿＿＿から質問してください。

7．テストの問題を＿＿＿＿＿＿＿、まだ時間が残っていたら＿＿＿＿＿＿＿＿ください。

8．日本語を＿＿＿＿＿＿＿＿のは、＿＿＿＿＿＿＿＿＿＿＿＿＿＿からです。

44 に対して

📝 例文

① 日本では目上の人に対して、敬語を使います。
② うちへ帰って、上司に対する不満を母に言った。
③ 夫は娘に対しては特に甘い。

🖐 使い方

N ➕ に対して
に対する N

～を対象としてという意味で、後ろには～に向かう行動、気持ち、態度が続く。

This expression indicates that the immediately preceding noun is the object or target of the action, sentiment, or attitude that follows the expression. ／表示"以...为对象"，后面接"面对...时候"的行动、心情或态度等。／Có nghĩa là lấy ~ làm đối tượng, sau đó là hành động, cảm giác, thái độ hướng đến ~.

確認しよう

正しいほうを選びなさい。
1. 国民は政府 （ に対して ・ のために ） いろいろな不満を持っている。
2. 新商品 （ に対して ・ に対する ） 評価が気になる。

書いてみよう

＿＿＿＿＿＿に言葉を入れて、文を完成させなさい。

1. 先生は私の＿＿＿＿＿＿＿＿＿＿＿に対して、いつも丁寧に答えてくださいます。

2. 私は＿＿＿＿＿＿＿＿＿＿＿＿に対して、いつも親切にしようと思っています。

3. 母は妹に対しては＿＿＿＿＿＿＿＿＿のに、私に対しては＿＿＿＿＿＿＿＿＿＿。

4. 卒業式では＿＿＿＿＿＿＿＿＿学生に対して、＿＿＿＿＿＿＿＿＿＿。

5. サッカーではルールに違反した＿＿＿＿＿＿＿に対して、＿＿＿＿＿＿＿＿＿＿。

6. 面接で＿＿＿＿＿＿＿＿＿＿＿に対してうまく答えられなかった。

7. 両親は、私が＿＿＿＿＿＿＿＿＿＿ことに対して、何も言わなかった。

8. ＿＿＿＿＿＿に対しては＿＿＿＿＿が、＿＿＿＿＿＿に対しては＿＿＿＿＿。

📋 例文

① 校長先生をはじめ、先生方には大変お世話になりました。

② ドラえもんをはじめとして、ONE PIECE や NARUTO など、日本のアニメは世界中で見られている。

③ 東京都の千代田区には、国会議事堂をはじめとする国の重要機関が集まっている。

👆 使い方

Ⓝ ➕ をはじめ
をはじめとして
をはじめとする Ⓝ

「Ａをはじめ（として）」で、Ａを代表例に挙げ、他も同様だと言う時に使う（①②）。「ＡをはじめとするＢ」では、ＢにはＡが属するカテゴリーが入る（③）。

Used in the pattern Ａをはじめ（として）, this presents A as a representative example of a certain group of people or things (①②). In the pattern ＡをはじめとするB, B represents a category to which A belongs (③). ／「Ａをはじめ（として）」这个形式表示事情A作为一个代表例子，其他的事情也与A一样的时候使用（①②）。「ＡをはじめとするB」这个形式表示事情B里面包含有事情A所属的范畴在内（③）。／Bảng mẫu câu "Ａをはじめ（として）", sử dụng khi đưa A ra làm ví dụ đại diện, và nói những thứ khác cũng giống như vậy, như câu (①②). Bảng mẫu câu "ＡをはじめとするB", thì ở B có hạng mục mà A thuộc về, như câu (③).

確認しよう

正しいほうを選びなさい。

1. 和食にはすし（ をはじめ ・ をはじめとする ）てんぷらやすき焼きなど様々なものがある。
2. 国際会議では、温暖化（ をはじめ ・ をはじめとする ）環境問題が話し合われた。

書いてみよう

＿＿＿＿＿＿＿に言葉を入れて、文を完成させなさい。

1. 日本は＿＿＿＿＿＿＿＿をはじめ、＿＿＿＿＿＿＿＿＿＿＿など有名な自動車の会社があります。

2. この高校はスポーツが強い学校だ。＿＿＿＿＿＿＿をはじめ、いろいろなスポーツで優勝している。

3. ＿＿＿＿＿＿＿＿＿＿をはじめとするＳＮＳを使う人が増えている。

4. この街には＿＿＿＿＿＿＿をはじめ、＿＿＿＿＿＿＿など、市民が無料で使える場所がたくさんある。

5. ＿＿＿＿＿＿＿＿をはじめ、＿＿＿＿＿＿＿＿＿＿＿おかげで、日本へ来ることができました。

6. 京都は、金閣寺や清水寺をはじめとして、＿＿＿＿＿＿＿＿＿＿＿＿＿＿＿＿＿＿＿＿。

7. このクラスは＿＿＿＿＿＿＿＿＿さんをはじめ、＿＿＿＿＿＿＿＿＿＿＿＿＿＿＿＿＿＿。

8. 私の国には＿＿＿＿＿＿＿＿をはじめとする＿＿＿＿＿＿＿＿＿＿＿＿＿＿＿＿＿＿＿。

46 ほど／くらい

📋 例文

① 富士山に登った次の日は、歩けないほど足が痛くなった。

② 大学に合格したときは、涙が出るくらい嬉しかったです。

③ 彼ほど日本語が話せれば、どんな仕事もできるでしょう。

👆 使い方

状態や動作の程度が普通ではないことを、例えを使って伝える時に使う。「口から火が出る」「目が飛び出る」「足が棒になる」などの慣用的表現と一緒に使うことが多い。

This indicates that the degree of some state or action is unusual, using a specific example to convey that point. It is found in many idiomatic expressions, such as 口から火が出る, 目が飛び出る, and 足が棒になる. ／用在举 "表示事情的状态或者动作的程度不一般" 的例子时使用。常跟「口から火が出る」「目が飛び出る」「足が棒になる」这样的一些常用表达放在一起使用。／Sử dụng khi dùng ví dụ để truyền đạt mức độ của tình trạng, động tác là không bình thường. Thường sử dụng với cách diễn đạt mang tính thành ngữ như "口から火が出る (lửa phát ra từ miệng)", "目が飛び出る (con mắt bay ra)", "足が棒になる (chân trở thành cây gậy)".

第8課 文法の練習

確認しよう

正しいほうを選びなさい。

1. 私も同じ経験をしたので、子どもを亡くした親の悲しみが（ 痛い ・ 痛く ）ほどわかります。

2. セール中なのに、その店の商品は（ 信じられない ・ 信じられる ）ほど高かった。

書いてみよう

＿＿＿＿＿＿＿＿に言葉を入れて、文を完成させなさい。

1. 彼はスキーでけがをして、歩くのが＿＿＿＿＿＿＿＿＿＿＿＿＿＿＿＿ほどだそうです。

2. 昨日の台風は風が強すぎて、＿＿＿＿＿＿＿＿＿＿＿＿＿＿＿＿ほどだった。

3. 頭が＿＿＿＿＿＿＿＿＿＿＿＿＿＿＿＿くらい痛くて、救急車を呼んだ。

4. 誕生日に＿＿＿＿＿＿＿＿＿＿＿＿＿＿＿くらいのプレゼントをもらって、うれしかった。

5. 電子レンジで料理を温めすぎて、触れないほど＿＿＿＿＿＿＿＿＿＿＿＿＿＿＿なってしまった。

6. 新しいアパートは駅から遠いけど、＿＿＿＿＿＿＿＿＿＿＿＿＿＿＿＿ほどではありません。

7. さくらさんの話はおもしろすぎて、おなかが＿＿＿＿＿＿＿＿くらい＿＿＿＿＿＿＿＿＿。

8. ＿＿＿＿＿＿＿＿＿＿＿ほど ＿＿＿＿＿＿＿＿＿＿＿＿＿＿＿＿＿＿。

例文

① 父は出張に行く**たびに**、お土産を買ってきてくれる。

② この写真を見る**たびに**、家族を思い出します。

③ この川は大雨の**たびに**水があふれそうになる。

 使い方

Vる
Nの

➕ たびに

「Aたびに B」の形で、Aの時はいつもBだと言う時に使う。日常的な習慣や必然の結果には使えない。（×朝起きるたびに顔を洗う。　×春になるたびに桜が咲く。）

Used in the pattern AたびにB, this expresses that B happens every time that A occurs. It cannot be used for daily routines or inevitable results. ／「AたびにB」这个形式表示在做事情A的时候总会做或者发生事情B的时候使用。不能用在一些日常习惯以及必然的结果上面。／Bảng mẫu câu "AたびにB", sử dụng khi nói khi A thì luôn B. Không thể sử dụng khi nói về thói quen thường nhật hay kết quả hiển nhiên.

確認しよう

正しいものを選びなさい。

1．大学を卒業（　したら　・　すると　・　するたびに　）、国へ帰って、起業しようと思います。

2．子どもの成長は早い。兄の息子は（　会う　・　会い　・　会った　）たびに大きくなっている。

書いてみよう

＿＿＿＿＿＿＿＿＿＿に言葉を入れて、文を完成させなさい。

1．この歌を＿＿＿＿＿＿＿＿＿＿たびに、子ども時代を思い出す。

2．彼は＿＿＿＿＿＿＿＿＿＿たびにカンニングして、先生に怒られる。

3．彼は＿＿＿＿＿＿＿＿＿＿たびに、花束を買ってきてくれる。

4．地震が＿＿＿＿＿＿＿＿＿＿たびに、＿＿＿＿＿＿＿＿＿＿＿＿＿＿＿＿かどうか心配になる。

5．バスに＿＿＿＿＿＿＿＿たびに、＿＿＿＿＿＿＿＿＿＿＿ので、乗る前にいつも薬を飲んでいる。

6．この店の料理は母の味と同じだ。＿＿＿＿＿＿＿＿＿＿たびに、＿＿＿＿＿＿＿＿＿＿＿＿＿。

7．彼女は料理が下手だ。＿＿＿＿＿＿＿＿＿＿たびに、＿＿＿＿＿＿＿＿＿＿＿＿＿。

8．＿＿＿＿＿＿＿＿＿＿＿＿＿たびに、＿＿＿＿＿＿＿＿＿＿＿＿＿＿＿＿＿。

48 かのようだ

📋 例文

1. このクラスはうるさくてパーティーをしている**かのようだ**。
2. 俳優はすごい。冷たい水でも熱い**かのように**飲めるし、好きじゃないのに好きである**かのように**演技できる。
3. さくらとデートしているときは、まるで夢の中にいる**かのような**気分だった。

👆 使い方

普 ⎫
*なA である ⎬ ➕ かのようだ
*N である ⎭ ⎰ かのように
　　　　　　　 ⎱ かのような N

実際は〜ではないのに〜のように感じる（見える）ということを表す。「まるで」「あたかも」「さも」などと一緒に使うことがある。

This is used to express "as if" or "just like." It is often paired with expressions such as まるで, あたかも, or さも. ／表示"实际上并非那样，但看上去或者感觉上去却像那样"。常常跟「まるで」「あたかも」「さも」这一类的词汇放在一起搭配使用。／Diễn tả việc thực tế không phải ~ nhưng lại cảm thấy (trông thấy) như ~. Có khi sử dụng cùng với "まるで", "あたかも", "さも" v.v.

確認しよう

正しいほうを選びなさい。

1. カラオケで歌いすぎて、風邪をひいた（　かのように　・　かのような　）声になってしまった。
2. あの人形はまるで生きている（　かのように　・　かのような　）動きができる。

書いてみよう

文を完成させなさい。＿＿＿＿＿＿は「かのような」「かのように」「かのようだ」のどれかを必ず使って書きなさい。

1. ルイさんは全然起きない。まるで＿＿＿＿＿＿＿＿＿＿＿＿＿＿＿＿寝ている。

2. 彼は友達の宿題を写したのに、あたかも自分で＿＿＿＿＿＿＿＿＿＿顔で先生に出している。

3. 教室で先生が話しているとき下を向いていると、＿＿＿＿＿＿＿＿＿＿＿＿＿見えますよ。

4. 彼は事件について、さも何も＿＿＿＿＿＿＿＿＿＿顔をして話していたが、手が震えていた。

5. 昨日、警察は私を呼び止めて、まるで私が＿＿＿＿＿＿＿＿＿＿＿＿＿＿質問した。

6. どうしてあなたの部屋はこんなに汚いの？ まるで＿＿＿＿＿＿＿＿＿＿＿＿＿＿＿＿よ。

7. 部屋のエアコンの温度を上げすぎて、真冬なのに＿＿＿＿＿＿＿＿＿＿＿＿＿＿＿＿＿＿＿＿＿。

8. ＿＿＿＿＿＿＿＿＿＿＿＿＿＿＿＿かのように＿＿＿＿＿＿＿＿＿＿＿＿＿＿＿＿＿＿＿＿。

問題1　読解（内容理解 - 短文 Comprehension - Short passages）

つぎの (1) と (2) の文章を読んで、質問に答えなさい。答えは、1・2・3・4から最もよいものを一つえらびなさい。

(1)

これはケンさんが書いた日記である。

> 　僕はコンビニでアルバイトをし始めて1年になる。初めの頃は日本語に自信がなくて、アルバイトの先輩やお客さんなど、周りの人とのコミュニケーションに苦労した。そんな僕に対して、店長をはじめみんなが何でも丁寧に教えてくれた。おかげで仕事にはだいぶ慣れた。僕が大きな失敗をすると、店長は母親のように厳しく叱るが、後で先輩たちが僕を励ましてくれる。僕は本気で叱る店長も、叱られるたびに励ましてくれる先輩たちも大好きだ。この店にいると、まるで家族と一緒にいるかのような気持ちになる。

1　ケンさんはアルバイトを始めたとき、どんな気持ちだったか。

1　日本語がうまく話せないことを気にしていた。
2　周りの人とあまり話したくないと思っていた。
3　仕事になかなか慣れなくて大変だと思っていた。
4　家族と一緒にいるかのような気持ちだった。

(2)

これはある日本語学校の教師が書いた文章である。

> 　私は留学生がアルバイトをすることに賛成です。教室では得られない経験ができるからです。アルバイトで日本人とのコミュニケーションが増えることで、日本人の考え方や文化に触れることができます。そして自国の文化や習慣との違いに気づいたり、違いに対してどう対応していくべきか考えたりする機会を得るでしょう。もちろん決められた時間を超えたり、学業に支障が出るほど働いたりしてはいけませんが、留学生活をより豊かにするために、アルバイトをすることはとてもいいことだと思います。

---

1 この教師は留学生がアルバイトをすることについてどう思っているか。

1　留学生自身の国について知れるので、いいと思っている。

2　学校では得られない経験ができるので、いいと思っている。

3　生活がしやすくなるので、いいと思っている。

4　勉強ができなくなるので、よくないと思っている。

第8課

まとめの練習

つぎの文の（　　　）に入れるのに最もよいものを、1・2・3・4から一つえらびなさい。

1　ご飯を食べ（　　　）、すぐに寝るのは体によくないと言われている。

　　1　始める　　　　　2　終わる　　　　　3　始めて　　　　　4　終わって

2　このレストランは、テレビ（　　　）ブログやＳＮＳなどで紹介されてから、店の前に長い列ができるほどお客さんが来るようになった。

　　1　として　　　　　2　をはじめ　　　　3　において　　　　4　を問わず

3　母に呼ばれても気がつかない（　　　）集中して勉強していた。

　　1　うちに　　　　　2　ように　　　　　3　ほど　　　　　4　だけ

4　役所のサービスはどんな人（　　　）平等にされるべきです。

　　1　に対して　　　　2　に対しては　　　3　に対しても　　　4　に対する

5　濡れないように、雨が降り（　　　）前に帰りましょう。

　　1　始める　　　　　2　終わる　　　　　3　止む　　　　　4　続ける

6　黒田　「今日はずいぶん暑いですね。」
　　猪狩　「ええ、10月なのに、真夏に戻った（　　　）です。」

　　1　かのよう　　　　2　ぐらい　　　　　3　らしい　　　　　4　そう

7　（ケンの部屋で）
　　ルイ　「すごい荷物だね。」
　　ケン　「うん、引っ越しする（　　　）捨てているんだけど、なぜか増えてしまうんだ。」

　　1　とともに　　　　2　間に　　　　　　3　につれて　　　　4　たびに

8　さくら　「店長のお宅に招待されたんでしょう？　どうだった？」
　　ゴック　「13歳の娘さんがケーキを作ってくれたんだけど、中学生が（　　　）おいしかったよ。」

　　1　作ったかのように　　　　　　　　　2　作ったと思えないほど

　　3　作ったかわりに　　　　　　　　　　4　作れば作るほど

つぎの文の＿＿★＿＿に入る最もよいものを、1・2・3・4から一つえらびなさい。

1 小野寺さんは ＿＿＿＿ ＿＿＿＿ ＿★＿ ＿＿＿＿ ことができる。
　　1 を演奏する　　　　2 をはじめ　　　　3 いろいろな楽器　　4 ピアノ

2 クラスと名前を ＿＿＿＿ ＿＿＿＿ ＿★＿ ＿＿＿＿ ましょう。
　　1 人から　　　　　　2 書き終わった　　3 作文を　　　　　　4 書き始め

3 彼は、友達から ＿＿＿＿ ＿＿＿＿ ＿★＿ ＿＿＿＿ かのように話している。
　　1 話を　　　　　　　2 実際に自分が　　3 体験した　　　　　4 聞いた

4 この映画を ＿＿＿＿ ＿＿＿＿ ＿★＿ ＿＿＿＿ 泣いてしまう。
　　1 子ども時代を　　　2 楽しかった　　　3 見るたびに　　　　4 思い出して

5 日本へ出発する日は雨が ＿＿＿＿ ＿＿＿＿ ＿★＿ ＿＿＿＿ いるかのようだった。
　　1 泣いて　　　　　　2 降って　　　　　3 いて　　　　　　　4 空も

6 インフルエンザ ＿＿＿＿ ＿＿＿＿ ＿★＿ ＿＿＿＿ が勧められている。
　　1 に対する　　　　　2 として　　　　　3 基本的な対策　　　4 手洗いと消毒

7 景気が悪くて、＿＿＿＿ ＿＿＿＿ ＿★＿ ＿＿＿＿ です。
　　1 就職ができない　　2 ほど　　　　　　3 いい大学を　　　　4 卒業しても

8 山下先生「アルバイト先の店長はどうですか。」
　　ケン　　「厳しいですが、とてもいい人です。旅行に ＿＿＿＿ ＿＿＿＿ ＿★＿ ＿＿＿＿ んです。」
　　1 お土産を　　　　　2 行く　　　　　　3 たびに　　　　　　4 買ってきてくれる

まず質問を聞いてください。それから話を聞いて、問題用紙の1から4の中から、最もよいものを一つえらんでください。

♪ N3-50

    1　いすをならべる

    2　かざりを作りに行く

    3　たなの上をふく

    4　おかしとジュースをおく

まず文を聞いてください。それから、そのへんじを聞いて、1から3の中から、最もよいものを一つえらんでください。

| 1 | ♪ N3-51 | 1 | 2 | 3 |

| 2 | ♪ N3-52 | 1 | 2 | 3 |

| 3 | ♪ N3-53 | 1 | 2 | 3 |

| 4 | ♪ N3-54 | 1 | 2 | 3 |

| 5 | ♪ N3-55 | 1 | 2 | 3 |

| 6 | ♪ N3-56 | 1 | 2 | 3 |

第 9 課

単語 文法の練習に出てくる難しい単語の意味を確認しましょう。

名詞

□ 異常気象	extreme weather	天气异常	thời tiết bất thường
□ ウイルス	virus	病毒	vi-rút
□ 貸し借り	lending and borrowing	借借还还	vay mượn
□ 湿布	compress, poultice	膏药	miếng dán
□ 住宅	housing, homes	住宅	nhà ở
□ 賞味期限	best before date	保质期	hạn thưởng thức
□ 書籍	books	书籍	sách
□ 手続き	procedures	手续	thủ tục
□ 当番	on duty	值日	ca trực
□ 都市	city	城市	đô thị
□ トップ	top	第一，领先	hàng đầu
□ 人間	humans	人，人类	con người
□ 骨	bone	骨头	xương

な形容詞

□ 面倒な	troublesome	麻烦的	phiền toái

動詞

□ 現れる	emerge, appear	出现	xuất hiện
□ 影響（する）	effect, impact; affect	影响	ảnh hưởng; làm ảnh hưởng
□ 落ち着く	calm down	冷静，安定	bình tĩnh
□ 断る	turn down	拒绝	từ chối
□ 接触（する）	contact; come into contact	接触	sự tiếp xúc; tiếp xúc
□ 節約（する）	being thrifty; be thrifty	节约（节省）	sự tiết kiệm; tiết kiệm
□ 停車（する）	stopping (of train); (train) stops	不运行（停车，车停了）	sự dừng xe; dừng xe
□ 登場（する）	appearance, advent; appear (on the scene)	出现，登场	sự xuất hiện; xuất hiện
□ 流行（する）	spread (of disease); (disease) spreads/is prevalent	流行	sự lưu hành; lưu hành

副詞

□ 真剣に	seriously	认真地	nghiêm túc
□ 早めに	earlier than usual	早一点	sớm, nhanh chóng
□ わざと	on purpose	故意地	cố tình

その他

□ ～費	~ fee	～费	chi phí ~, tiền ~
□ ～率	~ rate	～率	tỉ lệ ~

49 にともなって

📄 例文

① 収入が上がるにともなって、税金も高くなる。

② 都市部では人口増加にともなうごみや住宅の問題など、さまざまな問題が出てきている。

③ 中学生ぐらいになると、体の変化にともない、心の変化も起きる。

👆 使い方

Ｖる (の)
Ｎ ➕ にともなって
にともない
にともなう Ｎ

「ＡにともなってＢ」の形で、Ａが変化するとＢも変化する、Ａと同時にＢも起こるということを表す。

Used in the pattern AにともなってB, this expresses that B changes with A, or that B occurs at the same time as A.／「AにともなってB」这个形式表示"如果事情A发生变化事情B也会跟着发生变化"，或"事情A跟事情B同时发生变化"的意思。／Bảng mẫu câu "AにともなってB", diễn tả việc A thay đổi thì B cũng thay đổi, đồng thời với A thì B cũng xảy ra.

確認しよう

正しいほうを選びなさい。

1. 学生が増えるにともなって、先生を（ 増やすことにした ・ 減らすことにした ）。
2. 進学（ にともなって ・ にともなう ）費用は、もう準備してあります。

書いてみよう

文を完成させなさい。〰〰〰〰〰〰は「にともなって」か「にともなう」を必ず使って書きなさい。

1. 年を取るにともなって、＿＿＿＿＿＿＿＿＿＿＿＿＿＿＿＿＿。

2. 〰〰〰〰〰〰〰〰〰〰〰〰異常気象が多くなってきた。

3. 〰〰〰〰〰〰〰〰〰〰〰小学校の数が減ってきている。

4. 時代の変化にともなって、＿＿＿＿＿＿＿＿＿＿＿＿＿＿。

5. 引っ越ししたいが、住所変更など〰〰〰〰〰〰〰〰〰手続きが面倒でしていない。

6. 地震で電車が1時間も停車した。その〰〰〰〰〰〰〰〰〰影響が続いている。

7. 子どもが＿＿＿＿＿＿＿にともなって、教育費や食費など＿＿＿＿＿＿＿＿＿。

8. ＿＿＿＿＿＿＿にともなって、＿＿＿＿＿＿＿＿＿＿＿＿＿＿＿。

📋 例文

1. 明日は大雪で電車が遅れるおそれがあります。
2. 医者に「今、手術しないと、治せなくなるおそれがある」と言われた。
3. この地震による津波のおそれはありません。

👆 使い方

| Vる |
| Vない | ➕ おそれがある
| Nの |

よくない何かが起きる心配や危険性があるということを表す。

This expresses that a certain risk or hazard exists. ／表示有可能会发生一些令人担心或是具有一定危险性的事情。／Diễn tả việc đáng lo hay nguy cơ điều gì đó không tốt sẽ xảy ra.

確認しよう

正しいほうを選びなさい。

1. 緊張しているとき、目を閉じたら、落ち着く（　かもしれません　・　おそれがあります　）。
2. 今後も新しいウイルスが流行するおそれが（　あります　・　ありません　）。

書いてみよう

_____に言葉を入れて、文を完成させなさい。

1. 歩きながらスマホを見ていると、_____おそれがありますから、やめましょう。

2. _____と、泥棒が入るおそれがあります。

3. この薬は_____おそれがありますから、説明をよく読んでからお飲みください。

4. 出席率が悪いと、_____おそれがあるので、学校はできるだけ休まないでください。

5. パンダやアフリカゾウなど、_____おそれがある動物が増えているそうだ。

6. 台風による_____おそれがあるので、早めに家に帰ることにした。

7. 安心してください。この病気は接触しなければ、_____おそれはありません。

8. _____と、_____おそれがあります。

51 にかわって

📋 例文

1. 五十嵐先生がお休みなので、今日は五十嵐先生にかわって金澤先生が教えます。
2. 将来人間にかわってロボットが全部の仕事をするという会社が現れるかもしれない。
3. ガラケーと呼ばれる携帯電話にかわり、スマホが使われるようになった。

👆 使い方

N ➕ にかわって
にかわり

「AにかわってB」で、Aの代理でBになることや、時代の変化にともなってAがBに交代すること表す。

Used in the pattern AにかわってB, this expresses that B serves in place of A, or that A is replaced by B with the passage of time. ／「AにかわってB」这个形式表示，"B代替A做某事"，或是 "随着时代的变化，A被B所替代" 的意思。／Bằng "AにかわってB", diễn tả việc đại diện cho A là B, hoặc cùng với sự thay đổi của thời đại thì A đổi sang B.

確認しよう

「にかわって」の使い方が正しい文には○、間違っている文には×を書きなさい。

1. （　　　　）　スマホが登場してからは、スマホにかわって、紙の辞書で調べる人が多くなった。
2. （　　　　）　スマホが登場してからは、紙の辞書にかわって、スマホで調べる人が多くなった。

書いてみよう

＿＿＿＿＿＿に言葉を入れて、文を完成させなさい。

1. 部長が出張で不在のため、＿＿＿＿＿＿＿＿＿にかわって私がお客様のお話を伺います。

2. 子どもの頃、病気の＿＿＿＿＿＿＿にかわり、＿＿＿＿＿＿＿が私の面倒を＿＿＿＿＿＿＿。

3. 最近、ガソリン車にかわって、＿＿＿＿＿＿＿＿＿＿＿＿＿＿＿＿＿。

4. A「今日は掃除当番のケンさんがお休みですね。」

　　B「ええ、ですから、＿＿＿＿＿＿＿にかわって、＿＿＿＿＿＿＿＿＿＿＿＿＿。」

5. このレストランでは＿＿＿＿＿＿＿にかわって＿＿＿＿＿＿＿が料理を運んできます。

6. 紙の書籍にかわって＿＿＿＿＿＿＿＿＿＿＿＿＿＿＿＿＿＿。

7. 現金にかわって＿＿＿＿＿＿＿＿＿＿＿＿＿＿＿＿＿＿＿。

8. ＿＿＿＿＿＿＿にかわって、＿＿＿＿＿＿＿＿＿＿＿＿＿＿＿。

52 ないこともない

📝 例文

1. お金を貸せないこともないけど、できれば友達とお金の貸し借りはしたくない。
2. 彼女の料理はおいしくないこともないけど、母の料理に比べると、ちょっと……。
3. お酒が好きじゃないことはないが、節約しているので飲まないようにしてる。

👆 使い方

| Vない |
| いA く |
| なA じゃ |
| N じゃ |

➕ ないこともない
ないことはない

完全に否定せず、少しは～だ、～の可能性は低いがある、と言いたい時に使う。頑張れば～できるけど、あまりしたくないといった消極的な気持ちを表す。

This used to indicate that some thing or situation exists but its quantity, degree, or likelihood is limited. It passively conveys that speaker could accomplish the action if they tried, but has little desire to do so. ／不完全否定，在表达 "不是完全，还是有点…"，"还是有…的可能性" 的时候使用。常用来表示 "这件事情如果自己努力的话倒也不是做不到，但是不是非常想去做" 这样比较消极的意见时使用。／Sử dụng khi không phủ định hoàn toàn mà muốn nói có chút ~, khả năng ~ thấp. Diễn tả cảm giác tiêu cực nếu cố gắng thì có thể ~ nhưng không muốn làm lắm.

確認しよう

正しいほうを選びなさい。

1. 駅まで（ 歩けない ・ 歩ける ）ことはないが、疲れるので、バスを使っている。
2. 先生の話は（ つまらないことはない ・ つまらない ）が、長いので飽きてしまう。

書いてみよう

＿＿＿＿＿＿に言葉を入れて、文を完成させなさい。

1. 授業が終わってすぐに学校を出れば、12時半の電車に＿＿＿＿＿＿＿＿＿＿＿ないこともない。

2. パーティーの参加費を＿＿＿＿＿＿ないことはないが、生活費を節約したいので、行くのをやめた。

3. 賞味期限が切れた牛乳は、＿＿＿＿＿＿ないことはないと思うが、＿＿＿＿＿＿ほうがいい。

4. 友達に「1000円払えば、宿題の答えを＿＿＿＿＿＿＿ないこともない」と言われたが、断った。

5. A「真冬にTシャツ1枚で、寒くないの?」

   B「＿＿＿＿＿＿ないこともないけど、暖かいと授業中に眠くなるから、わざとこうしてるんだ。」

6. A「昨日、デートに遅刻して、彼女がずっと怒っているんだ。」
   B「真剣に心から謝れば、＿＿＿＿＿＿＿＿＿ないこともないと思うよ。」

7. ＿＿＿＿＿＿＿＿＿＿ないこともないけど、＿＿＿＿＿＿＿＿＿＿＿＿＿＿。

53 以来

📅 ＿＿＿月＿＿＿日

📋 例文

① 日本に来て以来、毎日自分でご飯を作っている。
② 彼女と別れて以来、ルイさんはずっと元気がない。
③ ケンさんは入学以来、どのテストでもクラスでトップの成績を取っている。

👆 使い方

V て
N ＋ 以来

「A以来B」の形で、Aの時から現在までずっとBが続いているということを表す。Aには過去の出来事が入り、Bには「〜ている／いない」「ずっと〜だ」など、継続の表現が使われる。

Used in the pattern A以来B, this expresses that B has continued ever since the time of A. A takes a past event, and B takes an expression indicating continuance, such as 〜ている／いない or ずっと〜だ.／「A以来B」这个形式表示从A这个时间点开始到现在为止事情B一直在持续。A这里需要是发生在过去的事情，而B这里往往使用「〜ている／いない」「ずっと〜だ」这样表达持续的词汇。／Bảng mẫu câu "A以来B", diễn tả việc từ khi A cho đến hiện tại thì B tiếp diễn suốt. Trong A có sự kiện của quá khứ, còn B thì cách diễn đạt sự tiếp diễn như "〜ている／いない", "ずっと〜だ" v.v. được sử dụng.

確認しよう

正しいものを選びなさい。

1．ケンさんはさくらさんという恋人が（　できる　・　できて　・　できた　）以来、毎日楽しそうだ。
2．私はこの学校に入学して以来、（　一度遅刻しました　・　一度も遅刻したことがない　）。

書いてみよう

＿＿＿＿＿＿＿＿＿に言葉を入れて、文を完成させなさい。

1．日本へ来て以来、＿＿＿＿＿＿＿＿＿＿＿＿＿＿＿＿＿＿＿＿＿。

2．このカップラーメンは発売されて50年になりますが、発売以来、＿＿＿＿＿＿＿＿＿＿＿＿＿＿＿。

3．佐藤さんとは大学時代よく遊んだが、卒業以来、＿＿＿＿＿＿＿＿＿＿＿＿＿＿＿＿＿。

4．父の車に乗って＿＿＿＿＿＿＿＿＿＿＿＿以来、車に乗るのが怖くなってしまった。

5．医者に勧められて＿＿＿＿＿＿＿＿＿＿＿＿以来、体の調子がよくなってきたような気がします。

6．彼は会社を辞めて以来、働かないで＿＿＿＿＿＿＿＿＿＿＿＿＿＿＿＿＿＿＿＿＿。

7．父は散歩が好きだったが、足の骨を＿＿＿＿＿＿＿＿＿＿＿以来、＿＿＿＿＿＿＿＿＿＿＿＿＿＿。

8．＿＿＿＿＿＿＿＿＿＿＿以来、＿＿＿＿＿＿＿＿＿＿＿＿＿＿＿＿＿＿＿＿＿＿＿。

～ば／なら…のに 📅 ＿＿＿月＿＿＿日

📝 例文

1. もっと勉強すれば、希望の大学に合格できたのに。
2. あのバッグ、もう少し安ければ、買えたのに。
3. 明日ルイさんもアルバイトが休みなら、一緒にパーティーに行けたのに。

👆 使い方

Vば
いA ければ
なA なら
N なら

➕ …のに

「Aば／なら、Bのに」の形で、Aではない現実を残念に思ったり、Aすれば、違う結果（B）だったのに、と後悔したりする気持ちを表す。

Used in the pattern Aば／なら、Bのに, this indicates that the speaker is disappointed that the situation of A did not occur, or regrets that B could have been possible if A had been performed.／「Aば／なら、Bのに」这个形式表示因为事实不是事情A这样而感到非常遗憾，或是如果做了事情A的话，明明会产生不同的结果（事情B），从而来表达自己的后悔遗憾的心情。／Bảng mẫu câu "Aば／なら、Bのに", diễn tả suy nghĩ hiện thực không phải A thật đáng tiếc, hoặc cảm giác hối hận nếu làm A thì đã có kết quả khác (B) rồi.

第9課

文法の練習

確認しよう

正しいほうを選びなさい。

1. すぐに（ 謝れば ・ 謝るなら ）よかったのに。言い訳をするから、もっと怒るんだよ。
2. もっと給料が高ければ、父の誕生日に（ 時計を贈った ・ 時計しか贈れなかった ）のに。

書いてみよう

文を完成させなさい。＿＿＿＿＿＿＿＿は「ば」か「なら」のどちらかを必ず使って書きなさい。

1. ＿＿＿＿＿＿＿＿＿＿＿＿＿＿＿＿＿＿＿＿＿、日本の生活をもっと楽しめるのに。

2. お酒が弱いなら、そんなに＿＿＿＿＿＿＿＿＿＿＿＿＿＿＿＿いいのに。

3. 明日アルバイトが＿＿＿＿＿＿＿＿＿＿＿＿＿＿、ケンとデートができたのに。

4. 早く病気に＿＿＿＿＿＿＿＿＿＿＿＿、手術しないで＿＿＿＿＿＿＿＿＿＿＿＿＿＿のに。

5. A「あさって、映画、見に行かない？」

   B「もう少し早く＿＿＿＿＿＿＿＿＿＿よかったのに。昨日、アルバイトを入れちゃったよ。」

6. さくらさんのことが好きなら、早く＿＿＿＿＿＿＿＿よかったのに。先週、彼氏ができたそうだよ。

7. どうして＿＿＿＿＿＿＿＿＿＿＿の？＿＿＿＿＿＿＿＿よかったのに。すごく楽しかったよ。

8. ＿＿＿＿＿＿＿＿＿＿＿＿＿＿＿＿、＿＿＿＿＿＿＿＿＿＿＿＿＿＿＿＿＿のに。

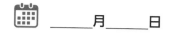

問題1　読解（内容理解 - 長文　Comprehension - Long passages）

つぎの文章を読んで、質問に答えなさい。答えは、1・2・3・4から最もよいものを一つえらびなさい。

これは、ケンさんが書いた作文である。

社会問題を取り上げた授業をして

ケン　ジョンソン

　最近授業で、ニュースを見てみんなで意見を出し合うという活動をしています。先週の授業では、日本の少子高齢化についてのニュースを見ました。そこで、少子化にともなって労働力が減少し、それによって経済力も低下するおそれがあるということを知りました。

　その後、「少子高齢化に対してどのような対策をすべきか」というテーマで、意見を出し合いました。ルイは、「専門家が言っていたように、少子高齢化には働き方や社会福祉の改善など、まずは子どもを産み育てやすい環境作りを考えることが必要だ」と主張しました。一方、セイセイは「労働力不足が問題なら、自動運転やロボットなどAI技術を活用すればいいのに」と言いました。それに対し、僕は「確かに人間にかわってロボットが働くことで、労働力不足を補えないこともないけど、ロボットに仕事を全部取られたら、人間の仕事がなくなってしまう」と返しました。話し合いの結論は出ませんでしたが、とても楽しかったです。

　授業でニュースを取り上げるようになって以来、授業以外でも社会問題についてみんなで話すようになりました。自分たちが将来どのように問題に関わっていくべきか、少しでも考えるようになったことはいいことだと思います。

1 この文章からわかる少子高齢化が起こす問題とは何か。

   1 子どもがいなくなって、高齢者だけになること

   2 働く人が減って、経済が弱くなること

   3 子どもを産み育てにくい環境になること

   4 ＡＩやロボットが人間の仕事をとってしまうこと

2 それとは何か。

   1 ルイさんの意見

   2 専門家の意見

   3 セイセイさんの意見

   4 僕の意見

3 ケンさんはこの授業をどう思ったか。

   1 結論が出なかったので、残念だった。

   2 結論は出なかったが、満足した。

   3 意見を言い合うのは、嫌だった。

   4 将来のことを話せたので、よかった。

4 授業でニュースを取り上げることによって、学生はどう変わったか。

   1 授業中、みんながよく発言するようになった。

   2 自分が将来どんな仕事をしたらいいか考えるようになった。

   3 社会問題のニュースをよく見るようになった。

   4 社会問題に対してどうしたらいいか考えるようになった。

つぎの文の（　　　）に入れるのに最もよいものを、1・2・3・4から一つえらびなさい。

1 けがで退場した久保選手（　　　）堂安選手がピッチに入りました。

1　にしたがって　　　2　にともなって　　　3　にかわって　　　4　に対して

2 雪で電車が動かなく（　　　）から、早く帰りましょう。

1　なるおそれがあります　　　　　　　　2　なるとは限らない

3　なることがない　　　　　　　　　　　4　ならないわけにはいかない

3 地震（　　　）津波で、船が沖に流された。

1　にかわる　　　　2　にかわって　　　　3　にともなう　　　　4　にともなって

4 ケンさんはいつもコーヒーを飲んで（　　　）、学校へ行きます。

1　から　　　　　　2　以来　　　　　　3　後で　　　　　　4　ながら

5 商品（　　　）お客様からの意見は、とても大切です。

1　に対する　　　　2　にともなう　　　　3　による　　　　4　にかわる

6 （クラス会で）

安東　「久しぶりだね。前に会ったのはいつだったかな。」

今入　「確か10年ぶり。高校を卒業して、20歳のときに（　　　）だよ。」

1　会った後で　　　　2　会ってから　　　　3　会ったばかり　　　4　会って以来

7 （アルバイト先のコンビニで）

店長　「ケンさん、ここにあった商品、全部一人で運んだの？　重くて大変だったでしょう。」

ケン　「ええ、ちょっと疲れましたが、大丈夫です。」

店長　「（　　　）手伝ってあげたのに。」

1　言えれば　　　　2　言わせれば　　　　3　言ってくれれば　　　4　言ってあげれば

8 店長　「日本食は好き？」

ゴック　「はい、すしやてんぷらは大好きです。納豆も（　　　）ですが、ちょっと……。」

1　食べにくい　　　　　　　　　　　　　2　食べられないことはない

3　食べられるはずがない　　　　　　　　4　食べないわけにはいかない

つぎの文の ＿＿★＿＿ に入る最もよいものを、1・2・3・4から一つえらびなさい。

1 このまま雨が ＿＿＿＿　＿＿＿＿　＿★＿＿　＿＿＿＿ そうです。
　 1　遠足が　　　　　　　2　やまないと　　　　3　おそれがある　　　4　中止になる

2 スポーツ大会が ＿★＿＿　＿＿＿＿　＿＿＿＿　＿＿＿＿ ので、活躍できるかどうか心配だ。
　 1　こともないが　　　2　スポーツが　　　　3　得意じゃない　　　4　楽しみじゃない

3 父は腎臓の病気で ＿＿＿＿　＿★＿＿　＿＿＿＿　＿＿＿＿ 生活するようになりました。
　 1　入院して　　　　　2　以来　　　　　　　3　気をつけて　　　　4　食事や運動に

4 出張中の母 ＿＿＿＿　＿★＿＿　＿＿＿＿　＿＿＿＿ が、母の料理に負けないぐらいおいしかった。
　 1　夕飯を作った　　　2　兄　　　　　　　　3　が　　　　　　　　4　にかわって

5 この電車は台風による ＿＿＿＿　＿＿＿＿　＿＿＿＿ ＿★＿ おそれがあります。
　 1　到着できない　　　2　ため　　　　　　　3　予定の時間に　　　4　大雨の

6 物価が ＿＿＿＿　＿＿＿＿　＿★＿＿　＿＿＿＿ なってきた。
　 1　生活が　　　　　　2　上がるの　　　　　3　苦しく　　　　　　4　にともない

7 スレス　「友達が英語の先生を探しているんだけど、やってみない？」
　 ケン　　「条件が ＿＿＿＿　＿＿＿＿　＿★＿＿　＿＿＿＿ やめるわけにはいかないし……。」
　 1　やらない　　　　　　　　　　　　　　　2　こともないけど
　 3　よければ　　　　　　　　　　　　　　　4　今のアルバイトを

8 ケン　　　「テスト、難しかったね。時間、ぎりぎりだったよ。」
　 セイセイ「いいな。私は間に合わなかったよ。 ＿＿＿＿　＿★＿　＿＿＿＿　＿＿＿＿ のに。」
　 1　解けた　　　　　　2　最後まで　　　　　3　時間があれば　　　4　あと少し

　この問題は、ぜんたいとしてどんなないようかを聞く問題です。話の前に質問はありません。まず話を聞いてください。それから、質問とせんたくしを聞いて、1から4の中から、最もよいものを一つえらんでください。

🎵 N3-57

　　　　　　1　　　　　2　　　　　3　　　　　4

　まず文を聞いてください。それから、そのへんじを聞いて、1から3の中から、最もよいものを一つえらんでください。

1 🎵 N3-58　　　　1　　　　2　　　　3

2 🎵 N3-59　　　　1　　　　2　　　　3

3 🎵 N3-60　　　　1　　　　2　　　　3

4 🎵 N3-61　　　　1　　　　2　　　　3

5 🎵 N3-62　　　　1　　　　2　　　　3

6 🎵 N3-63　　　　1　　　　2　　　　3

第10課

単語

文法の練習に出てくる難しい単語の意味を確認しましょう。

名詞

□ イルカ	dolphins	海豚	cá heo
□ 画面	screen	画面	màn hình
□ 筋肉	muscle	肌肉	cơ bắp
□ 現場	scene (of crime, accident, etc.)	现场	hiện trường
□ 殺人	murder	杀人	sự giết người
□ バランス	balance	均衡，平衡	sự cân bằng
□ フリーマーケット	flea market	跳蚤市场	chợ trời
□ 保育園	nursery schools	托儿所	nhà trẻ
□ 遊園地	amusement park	游乐场	khu vui chơi
□ レシピ	recipe	食谱	công thức

動詞

□ 想像（する）	imagination; imagine	想象	sự tưởng tượng; tưởng tượng
□ 来店（する）	coming to a store; come to a store	来店里（到店里来）	sự đến tiệm; đến tiệm

55 ようになる

📋 例文

1. この漢字は難しいが、何回も練習したら書けるようになった。
2. 結婚してから、節約のためにもっと料理をするようになった。
3. 隣に高いビルが建って、私の部屋からは富士山が見えなくなってしまった。

☝ 使い方

① Vる ➕ ようになる

② Vない ➕ なくなる

①動詞の辞書形に接続し、習慣・思考の変化を表す（①）。可能動詞や自動詞の場合は、能力・状態の変化を表す（②）。②否定形は「なくなる」になる（③）。

① This expression is joined to a verb in the dictionary form to express a change in habits or thinking (①). When joined with a potential or intransitive verb, it expresses a change in ability or state (②). ② The negative form usually takes the form なくなる (③). ／①这里要接在动词原形后面，表示习惯、观念的变化 (①)。接在动词的可能形式或是自动词后面的话，往往表示能力或状态发生的变化 (②)。②否定形式一般用「なくなる」这个形式 (③)。／①Đi sau thể tự điển của động từ, diễn tả thói quen, tư tưởng, như câu (①). Trường hợp đi sau động từ ở thể khả năng, tự động từ thì diễn tả sự thay đổi của năng lực, tình trạng, như câu (②). ②Hình thức phủ định thông thường là mẫu câu "なくなる", như câu (③).

確認しよう

正しいほうを選びなさい。

1. 私は日本人の友達ができて、日本語が上手に（ 話せるようになった ・ 話せるようだった ）。
2. （ 毎日運動するようになって ・ あまり運動しなくなって ）、筋肉がついた。

書いてみよう

＿＿＿＿＿＿＿＿＿＿に言葉を入れて、文を完成させなさい。

1. 日本では20歳になると、お酒が＿＿＿＿＿＿＿＿＿＿ようになる。

2. この割引券は、来月から＿＿＿＿＿＿＿＿＿＿ようになります。

3. ガソリン代が高くなったので、あまり車に＿＿＿＿＿＿＿＿＿＿なった。

4. 今年から日記を毎日＿＿＿＿＿＿＿＿＿＿ようになった。

5. 子どもが大きくなって、もう＿＿＿＿＿＿＿＿なった服やおもちゃをフリーマーケットで売った。

6. 日本語がもっとわかるようになったら、＿＿＿＿＿＿＿＿＿＿＿＿＿＿＿＿＿＿＿。

7. 友達の影響で、＿＿＿＿＿＿＿＿＿＿＿＿＿＿＿＿＿＿＿＿＿＿＿ようになった。

8. ＿＿＿＿＿＿＿＿＿＿＿＿＿＿＿＿＿＿ようになって、人々の生活はさらに便利になった。

56 だらけ

📑 例文

① この道はごみだらけだから、みんなで掃除をしよう。
② 間違いだらけのテストを友達に見られて恥ずかしかった。
③ 本が好きな兄の部屋は本だらけで、いつ見ても驚いてしまう。

🖐 使い方

N ➕ だらけ 「Aだらけ」の形で、Aが多すぎてよくない状態であることを表す（①②）。また、多さに呆れた時にも使える（③）。

Used in the pattern Aだらけ, this expresses the speaker's feeling that there is too much of A (①②). It is also used to express frustration with an enormous quantity (③). ／「Aだらけ」这个形式表示由于A过于多而导致的不好的状态（①②）。另外，也能用在由于A的过多而惊讶无语的情况（③）。／Diễn tả tình trạng không tốt do A nhiều quá bằng mẫu câu "Aだらけ", như câu (①②). Ngoài ra, cũng có thể sử dụng khi ngạc nhiên trước mức độ nhiều, như câu (③).

確認しよう

「だらけ」の使い方が正しい文には○、間違っている文には×を書きなさい。

1. （　　　） 私は甘いものが好きではないので、コーヒーを砂糖だらけにして飲む。
2. （　　　） 日曜日の遊園地は人だらけで、トイレにも長い列ができている。

書いてみよう

＿＿＿＿＿＿に言葉を入れて、文を完成させなさい。

1. 転んで＿＿＿＿＿＿＿だらけになってしまった。

2. おにぎりを自分で作ったら、手が＿＿＿＿＿＿＿だらけになった。

3. 私のスマホの画面は＿＿＿＿＿＿＿だらけだ。

4. 猫を抱いていたので、服が＿＿＿＿＿＿＿だらけだ。

5. この人は＿＿＿＿＿＿＿から、口の中が虫歯だらけだ。

6. 殺人事件のあった部屋は＿＿＿＿＿＿＿だらけだったそうだ。

7. ルイさんの部屋は＿＿＿＿＿＿＿だらけで、私は驚いてしまった。

8. ＿＿＿＿＿＿＿だらけだ。

57 をもとに

📋 例文

1. この映画は、小説をもとに作られた。
2. 日本で働いた経験をもとにして、国で会社を立ち上げたい。
3. 実際に起きた事件をもとにしたドラマを見た。

👆 使い方

N ➕ をもとに
　　をもとにして
　　をもとにした N

「AをもとにB」の形で、Bをする時、Aを材料、根拠、基本にするということを表す。Bには「作る」「考える」「決める」など、考えや制作を表す動詞が主に使われる。

Used in the pattern AをもとにB, this indicates that A serves as the material, source, or basis for action B. B typically takes a verb expressing thinking or creation, such as 作る, 考える, or 決める。／「AをもとにB」这个形式表示在做事情B的时候是根据事情A来做的。事情A往往是材料或者依据等。而事情B这里往往会用「作る」「考える」「決める」这样表示思考或者制作等的动词。／Diễn tả việc khi làm B thì lấy A làm nguyên liệu, căn cứ, cơ bản bằng mẫu câu "AをもとにB". B thường sử dụng chủ yếu là động từ thể hiện suy nghĩ hay chế tác như "作る (làm)", "考える(suy nghĩ)", "決める(quyết định)".

確認しよう

正しいほうを選びなさい。

1. 先輩の意見を（　もとで　・　もとに　）、大学を選んだ。
2. 自分の経験をもとに、（　映画を作った　・　映画を見た　）。

書いてみよう

＿＿＿＿＿＿に言葉を入れて、文を完成させなさい。

1. 昔の人の＿＿＿＿＿＿＿＿＿＿をもとに、その頃の生活を想像する。

2. この会議の資料は、＿＿＿＿＿＿＿＿＿＿＿＿をもとに作成した。

3. 警察は現場にいた人の＿＿＿＿＿＿＿＿＿をもとに、犯人を捜している。

4. ＿＿＿＿＿＿＿＿＿＿＿＿をもとに、デートの行き先を考えた。

5. 料理番組で見たレシピをもとに、＿＿＿＿＿＿＿＿＿＿＿＿＿＿＿。

6. 働いている親の＿＿＿＿＿＿＿＿＿＿＿をもとに、これからの保育園について考える。

7. この前のテストの結果をもとにして、＿＿＿＿＿＿＿＿＿＿＿＿＿＿＿＿＿。

8. 「もっと野菜が食べたい」というお客様の声をもとに、＿＿＿＿＿＿＿＿＿＿＿＿＿＿。

58 ばかり

📄 例文

① お菓子ばかり食べていると体に悪い。

② 大人ばかりのパーティーに子どもが行ってもつまらないだろう。

③ うちの犬は寝てばかりいる。

👆 使い方

① N ➕ ばかり

② Vて ➕ ばかり

　　　 ばかりいる

① 「名詞＋ばかり」で同じもの、ことが多い様子を表す（①②）。② 「動詞て形＋ばかり」で、同じことを何回もする様子を表す（③）。

① Used in the pattern [noun + ばかり], this indicates the quantity of the noun is very large (①②). ② Used in the pattern [*te*-form of verb + ばかり], this expresses that the action of the verb is done repeatedly or frequently (③). ／①「名词＋ばかり」这个形式表示同一种东西或事情特别多的情况（①②）。②「动词て形＋ばかり」表示重复做同样的一件事情（③）。／①Diễn tả tình trạng mà vật, việc giống nhau có nhiều bằng mẫu câu "danh từ + ばかり" như câu (①②). ② Diễn tả tình trạng làm việc giống nhau nhiều lần bằng "động từ thể て + ばかり" như câu (③).

確認しよう

正しいほうを選びなさい。

1．この店には（　若者　・　若者の　）ばかり来店する。

2．恋人と別れてから、彼女は（　泣いて　・　泣く　）ばかりいる。

書いてみよう

＿＿＿＿＿＿＿に言葉を入れて、文を完成させなさい。

1．大学受験の前には＿＿＿＿＿＿＿＿＿＿＿＿＿＿＿ばかりしていた。

2．＿＿＿＿＿＿＿＿＿＿＿＿＿＿＿ばかりいないで、家の手伝いもしなさい。

3．＿＿＿＿＿＿＿＿＿＿＿＿＿＿＿ばかりの学生が、先生に叱られている。

4．このコンビニの店員は、働かないで＿＿＿＿＿＿＿＿＿＿＿＿＿ばかりだ。

5．ケンさんは、＿＿＿＿＿＿＿＿＿＿＿＿＿＿＿＿＿＿＿ばかり考えている。

6．毎日＿＿＿＿＿＿＿＿＿＿＿＿＿ばかりでいやだなあ。

7．彼は最近＿＿＿＿＿＿＿＿＿＿＿＿＿ばかりで、遊びに誘ってくれない。

8．＿＿＿＿＿＿＿＿＿＿＿＿たり、＿＿＿＿＿＿＿＿＿＿＿＿たり、今日はいいことばかりだ。

を中心に 📅 ＿＿＿月＿＿＿日

📋 例文

① この歌手は女性を中心に人気がある。

② 次のテストのために、今週習った漢字を中心に勉強してきてください。

③ この遊園地には中国や韓国を中心としたアジアの国々からの観光客が遊びに来る。

👆 使い方

N ➕ を中心に
を中心として
を中心とした N

「～を話題の中心において」「～を主に／重要なものとして」ということを表す。

This indicates the focus of something or the main/important constituents of a group. ／表示"把…作为话题的中心""以…为主／作为重要的事情"的意思。／Diễn tả việc "~ ở trung tâm của đề tài", "~ là chính / quan trọng".

確認しよう

「を中心に」の使い方が正しい文には○、間違っている文には×を書きなさい。

1.（　　　）この店は日本を中心に、東京のいろいろな町に支店があります。

2.（　　　）この店は東京を中心に、日本のいろいろな町に支店があります。

書いてみよう

＿＿＿＿＿＿に言葉を入れて、文を完成させなさい。

1. 今夜は＿＿＿＿＿＿＿＿＿を中心に強い雨が降るでしょう。

2. ＿＿＿＿＿＿＿＿＿を中心にバランスのよい夕飯を考える。

3. 母の誕生日には、＿＿＿＿＿＿＿＿＿を中心にカラフルな花を使った花束を贈った。

4. ＿＿＿＿＿＿＿＿＿に旅行するなら、＿＿＿＿＿＿＿＿＿を中心に観光したい。

5. カラオケでは＿＿＿＿＿＿＿＿＿＿＿を中心に、いろいろな歌を歌った。

6. この店ではピザを中心とした＿＿＿＿＿＿＿＿＿＿＿＿が食べられる。

7. このチームは田中課長を中心に、＿＿＿＿＿＿＿＿＿＿＿＿＿＿。

8. 若者を中心として、＿＿＿＿＿＿＿＿＿＿＿＿＿＿＿。

60 といえば

📄 例文

① シン「眠いなあ。」

　レイ「眠いといえば、今日、トムさんが居眠りしていたね。」

② 冬のスポーツといえばスキーだ。

👆 使い方

Vる
いAい
なAな
N

＋ といえば

「AといえばB」の形で、誰かが言ったことを受けて思いついた関係のある話を続ける時に使う（①②）。また、Aの代表的、一般的な例を挙げる時に使う（③）。

Used in the pattern AといえばB, this is used to mention something brought to mind in connection to what the other person said (①②). It is also used to present A as a representative or general example of something (③). ／「AといえばB」这个形式在"听到别人说的事情后联想到了与之相关的事情"时使用（①②）。另外，也会在举事情A的一些具有代表性或者一般性的例子时使用（③）。／Sử dụng mẫu câu "AといえばB" khi tiếp tục nói về chuyện có liên quan mà mình nghĩ đến sau khi nghe ai đó nói, như câu (①②). Ngoài ra, sử dụng khi đưa ra ví dụ tiêu biểu, thông thường của A, như câu (③).

確認しよう

正しいほうを選びなさい。

1. 頭のいい動物（　にいえば　・　といえば　）イルカだ。
2. 川井「沖縄へ行きたいな。」
　　大田「（　沖縄だ　・　沖縄　）といえば、夏の海がきれいだよね。」

書いてみよう

＿＿＿＿＿＿に言葉を入れて、文を完成させなさい。

1. 夏休みといえば、＿＿＿＿＿＿＿＿＿＿＿＿＿＿＿＿＿＿＿＿＿＿。

2. 妻「お隣の石本さん、もうすぐ犬を飼い始めるんだって。」

　　夫「＿＿＿＿＿＿＿＿＿＿＿といえば、僕の会社の野田さんは猫を飼い始めたよ。」

3. 京都といえば＿＿＿＿＿＿＿＿＿＿＿＿＿＿＿＿が有名だ。

4. 私の国で人気があるスポーツといえば＿＿＿＿＿＿＿＿＿＿＿＿＿＿＿だ。

5. 私の友達で一番＿＿＿＿＿＿＿＿＿＿＿といえば、＿＿＿＿＿＿＿＿＿＿さんだ。

6. 夏子「この前、＿＿＿＿＿＿＿＿＿へ行ったよ。」

　　はるか「＿＿＿＿＿＿＿＿＿といえば＿＿＿＿＿＿＿＿＿だね。おいしかった？」

問題1 読解（内容理解 - 中文 Comprehension - Mid-size passages）

つぎの文章を読んで、質問に答えなさい。答えは、1・2・3・4から最もよいものを一つえらびなさい。

これはケンさんが書いた作文である。

僕の趣味

ケン　ジョンソン

　僕は食べることが大好きだ。最近、自分でもおいしいものが作れるようになりたいと考えて、料理を始めた。そのきっかけは、アルバイト先の店長がお好み焼きを作ってくれたことだ。僕は日本に来てから毎日、学校の近くの店で、早くて安い牛丼やハンバーガーばかり食べていた。それを聞いた店長が、野菜を中心にバランスのとれた食事をしないと体に悪いと言って、キャベツをたくさん入れたお好み焼きを作ってくれた。本当においしかった。それ以来、料理に興味を持つようになった。

　初めのうちは、何度も包丁で指を切ってしまい、指が傷だらけになることもあった。この前、店長にもらったレシピをもとに親子丼を作ってみたが、失敗してしまった。それでも料理は楽しくてやめられない。これからも料理を続けて、いつか、「料理が上手な人といえばケンだ」と言ってもらえるぐらい、いろいろな料理を作れるようになりたい。

1 ケンさんは日本に来てから、どうして牛丼やハンバーガーばかり食べていたか。

　1　都合がよかったから

　2　肉が好きだったから

　3　料理するのが簡単だから

　4　野菜がきらいだったから

2 店長はどうしてお好み焼きを作ってくれたか。

　1　お好み焼きのおいしさを教えたかったから

　2　ケンさんは肉が食べられないから

　3　ケンさんにもっと健康的な食事をしてほしかったから

　4　料理をすることが趣味だから

3 ケンさんは今、料理についてどう思っているか。

　1　上手にはできないが、健康のためにもっと料理をしたい。

　2　日本料理が上手にできるようになって楽しい。

　3　けがをしないで料理できるようになりたい。

　4　料理は楽しいし目標もあるので、続けていきたい。

つぎの文の（　　　）に入れるのに最もよいものを、1・2・3・4から一つえらびなさい。

1 病気をして以来、食事に（　　　）ようになった。

1　気をつけている　　　2　気をつけて　　　　3　気をつけた　　　4　気をつける

2 妹はピンク色の服（　　　）買ってくる。

1　ばかり　　　　　　　2　だらけ　　　　　　3　くらい　　　　　4　ほど

3 ピカソ（　　　）いえば、20世紀を代表する画家だ。

1　を　　　　　　　　　2　と　　　　　　　　3　に　　　　　　　4　が

4 みんなの意見（　　　）発表のテーマを決めた。

1　につれて　　　　　　2　について　　　　　3　をはじめ　　　　4　をもとに

5 この会社では日本酒（　　　）中心にいろいろな種類のアルコール飲料を販売している。

1　から　　　　　　　　2　に　　　　　　　　3　を　　　　　　　4　も

6 小田　「暑くなると、泳ぎたくなりますね。」

塚本　「（　　　）といえば、うちの近くに新しいプールができたんですよ。」

1　泳いだ　　　　　　　2　泳ぐ　　　　　　　3　泳ぎます　　　　4　泳いで

7 江口　「娘さん、もうすぐ3歳ですか。だいぶ大きくなったでしょう。」

藤野　「はい、だんだん上手に話せる（　　　）きましたよ。」

1　ようになって　　　　2　ことになって　　　3　ようにして　　　4　ことにして

8 ちあき　「夏休み、毎日何をしてるの？」

ひなた　「（　　　）ばかりだよ。」

1　ゲームの　　　　　　2　ゲームして　　　　3　ゲームだけ　　　4　ゲームくらい

つぎの文の　★　に入る最もよいものを、1・2・3・4から一つえらびなさい。

1　この本屋では ＿＿＿ ＿＿＿ ★ ＿＿＿ 本を取り扱っています。

 1　アメリカの   2　中心に   3　本を   4　いろいろな国の

2　有名な ＿＿＿ ＿＿＿ ★ ＿＿＿ 人気を集めている。

 1　もとにして   2　映画が   3　作られた   4　昔話を

3　この店では今年からインターネット ＿＿＿ ＿＿＿ ★ ＿＿＿ なりました。

 1　商品が   2　で   3　ように   4　注文できる

4　一日中動かないで ＿＿＿ ＿＿＿ ★ ＿＿＿ しまうんだよ。

 1　食べて   2　太って   3　いるから   4　ばかり

5　犬を ＿＿＿ ＿＿＿ ★ ＿＿＿ 、体力がつきました。

 1　外に出る   2　飼い始めてから 3　ようになり   4　毎日

6　本を読んで ＿＿＿ ＿＿＿ ★ ＿＿＿ はなれないと思う。

 1　していても   2　勉強   3　賢い人に   4　ばかり

7　（家の玄関で）

 エリ　「あ、＿＿＿ ＿＿＿ ★ ＿＿＿ 入らないでよ。」

 カナ　「ごめん。拭いてくるね。」

 1　だらけの   2　泥   3　で   4　靴

8　北村　「この前、駅前で沢口さんを見かけましたよ。」

 下田　「沢口さん ＿＿＿ ＿＿＿ ★ ＿＿＿ そうですね。」

 1　といえば   2　が   3　子ども   4　生まれた

聴解（ポイント理解 Point comprehension）

まず質問を聞いてください。そのあと、問題用紙を見てください。読む時間があります。それから話を聞いて、問題用紙の1から4の中から、最もよいものを一つえらんでください。

♪ N3-64

1　1年生で習ったぶんぽう
2　2年生で習ったぶんぽう
3　単語
4　作文

問題5　聴解（即時応答 Quick response）

まず文を聞いてください。それから、そのへんじを聞いて、1から3の中から、最もよいものを一つえらんでください。

1	♪ N3-65	1	2	3
2	♪ N3-66	1	2	3
3	♪ N3-67	1	2	3
4	♪ N3-68	1	2	3
5	♪ N3-69	1	2	3
6	♪ N3-70	1	2	3

単語

文法の練習に出てくる難しい単語の意味を確認しましょう。

名詞

☐ 機嫌	mood	心情	tâm trạng
☐ 月末	end of the month	月末	cuối tháng
☐ 掃除機	vacuum cleaner	吸尘器	máy hút bụi
☐ 底	bottom	底部	đáy
☐ 段ボール	cardboard box	纸箱子	thùng các-tông
☐ 100円ショップ	100-yen store	百元店（店内商品大都一百日元）	cửa hàng 100 yên
☐ 満点	perfect score	满分	điểm tối đa
☐ 夜更かし	staying up late	熬夜	sự thức khuya
☐ わさび	*wasabi*, Japanese horseradish	芥末	wasabi

な形容詞

☐ 不十分な	insufficient	不充分的	không đầy đủ
☐ 優秀な	talented	优秀的	ưu tú

動詞

☐ 失う	lose	失去	đánh mất
☐ 応募（する）	application; apply	报名	sự tham gia; ứng tuyển
☐ クリアする	completion (of a game); complete (a game)	完成，通关	vượt qua
☐ 信用（する）	trust	信用（相信…）	lòng tin; tin tưởng
☐ たまる	build up	积累，累积	đọng, dồn lại
☐ 通勤（する）	commuting; commute	上班路上（上班）	sự đi làm; đi làm
☐ 飛び出す	jump out	飞奔出来	chạy ra, chạy ra
☐ 入社（する）	joining a company; join a company	进公司	sự vào công ty, vào công ty
☐ 狙う	target	以…为目标	nhắm đến, nhắm vào
☐ 逃す	miss out on	错过	bỏ lỡ
☐ 話しかける	talk to	搭话	bắt chuyện
☐ 求める	demand, expect	追求	đòi hỏi, yêu cầu

61 がち

📄 例文

① 林さんはこのごろ学校を休みがちだから心配だ。

② 出かけるとき、窓を閉めるのを忘れがちなので気をつけよう。

③ 忙しいと、部屋の掃除をしなくなりがちだ。

☝ 使い方

Ｖます　＋がち	よく～の状態になる、～になりやすいという意味を表す。マイナスの評価を言う際によく
Ｎ	使われる。名詞は「留守」「病気」など限られたものに接続する。

This expresses a tendency or habit, and is often used for cases that the speaker perceives as undesirable. It can be attached to a limited number of nouns, such as 留守 or 病気. ／表示经常处在...的状态，或是很容易发生...事情时使用。往往用在一些比较消极的情况或者做负面评价时。如果是接在名词后面，往往只跟「留守」「病気」这样的词搭配。／Diễn tả ý nghĩa thường trở nên tình trạng ~, dễ trở nên ~. Thường được sử dụng khi nói đánh giá tiêu cực. Trường hợp đi sau danh từ thì chỉ với các danh từ như "留守 (vắng mặt)", "病気 (bệnh)" v.v.

確認しよう

正しいほうを選びなさい。

1. 最近、恋人とけんか（　し　・　する　）がちだ。

2. ベッドに入るのが（　遅い　・　遅くなり　）がちなので、気をつけたい。

書いてみよう

＿＿＿＿＿＿に言葉を入れて、文を完成させなさい。

1. 季節が変わるときは風邪を＿＿＿＿＿＿＿＿＿＿がちなので、気をつけてください。

2. 私は子どもの頃＿＿＿＿＿＿＿＿＿＿がちで、両親にたくさん心配をかけた。

3. ＿＿＿＿＿＿＿＿＿＿がちの家を狙った泥棒が増えている。

4. テストのとき漢字の書き方を＿＿＿＿＿＿＿＿＿＿がちなので、気をつけようと思う。

5. 100円ショップへ行くと、いろいろほしくなってしまい、いらないものを＿＿＿＿＿＿がちだ。

6. 月末は生活費が＿＿＿＿＿＿＿＿＿＿＿＿＿＿＿＿＿＿がちだ。

7. ＿＿＿＿＿＿＿＿＿＿＿＿＿＿＿＿と、ストレスがたまりがちだ。

8. ＿＿＿＿＿＿＿＿＿＿＿＿＿＿＿と、＿＿＿＿＿＿＿＿＿＿＿＿＿＿がちだ。

62 ずに

 例文

1. 今夜は家に帰らずに、友達と一晩中遊ぶ予定だ。
2. お菓子ばかり食べずに、ちゃんと野菜も食べなさい。
3. 切符の買い方がわからず、駅員さんに教えてもらった。

 使い方

Vない	＋	ずに ず

「AずにB」の形で、AしないでBという意味で使う（1 2）。無意志動詞に接続する場合、原因や理由を表す「～なくて」と同じ意味で使う（3）。動詞「する」の活用は例外で「せずに」になる。

Used in the pattern AずにB, this expresses that the subject performs B without doing A (1 2). When it is attached to a non-volitional verb, it functions in the same way as ～なくて when used to express a cause or reason (3). When the verb する is used, it take the irregular form せずに. ／「AずにB」这个形式表示不做事情A做事情B的意思（1 2）。当接在非意志动词后面的时候，意思跟「～なくて」这个表示原因，理由的语法相同（3）。动词「する」在这里比较特殊，要变成「せずに」的形式。／Sử dụng mẫu câu "AずにB" với ý nghĩa không làm A mà B, như câu (1 2). Trường hợp tiếp theo động từ không ý chí thì dùng với nghĩa giống như "～なくて" thể hiện nguyên nhân, lý do, như câu (3) . Chia động từ "する" ngoại lệ là "せずに".

確認しよう

正しいほうを選びなさい。
1. 彼は「さようなら」も（ 言わ ・ 言い ）ずに、家を出て行った。
2. 買い物でほしかったものが買えず、（ 残念だった ・ 嬉しかった ）。

書いてみよう

_____に言葉を入れて、文を完成させなさい。

1. 忙しくて時間がなかったので、借りていた本を_____ずに図書館に返した。

2. 昨夜は_____ずに、ゲームをしていた。

3. _____ずに買い物に来てしまい、レジで恥ずかしい思いをした。

4. 週末は_____ず、家でゆっくりする予定だ。

5. 嘘を_____ず、本当のことを教えてください。

6. 私はいちごが好きなので、カフェでは迷わず_____を選んだ。

7. コートを着ずに出かけてしまい、_____。

8. 明日は勉強せずに、_____。

 第11課

文法の練習

137

📋 **例文**

① ドアを開けたとたん、猫が外に飛び出した。

② 社員募集の広告を出したとたんに、応募が何件もあった。

③ 彼はゲームが得意なので、新しいゲームを始めたとたんにクリアしてしまった。

👆 **使い方**

Vた ➕ とたん
　　　とたんに

「AとたんB」で、Aの後すぐ予想外のBが起きたということを表す。Bに命令、依頼、判断など意志を表す言葉は使えない。③のように前件と後件に時間差があっても使える。

Used in the pattern AとたんB, this indicates that B unexpectedly occurred immediately following A. B cannot take an expression of the speaker's volition, such as an order, request, or judgment. As seen in ③, this expression can also be used in cases where there is a time gap between the action preceding it and the action following it. ／「AとたんB」这个形式表示事情A结束后立马发生了意想不到的事情B。事情B这里不能使用表示"命令""依赖""判断"等这种表达说话者意志的词汇。也有像③这样，在表示前面的事情跟后面事情有时间差的情况下也可以使用。／ Diễn tả việc sau A thì B đã xảy ra ngoài dự tính bằng mẫu câu "AとたんB". Không thể sử dụng từ thể hiện ý chí của người nói như mệnh lệnh, nhờ cậy, phán đoán v.v. trong B. Có khi sử dụng dù có chênh lệch về thời gian ở vế trước và vế sau, như câu ③.

確認しよう

「とたん」の使い方が正しいものには○、間違っているものには×を書きなさい。

1.（　　　　）疲れていたから、ベッドに入ったとたんに寝てしまった。

2.（　　　　）疲れているから、ベッドに入ったとたんに寝よう。

書いてみよう

＿＿＿＿＿＿＿に言葉を入れて、文を完成させなさい。

1. ＿＿＿＿＿＿＿＿＿＿＿＿＿＿＿とたん、段ボール箱の底がやぶれてしまった。

2. わさびを＿＿＿＿＿＿＿＿＿＿＿＿＿＿とたん、辛くて涙が出てきてしまった。

3. ＿＿＿＿＿＿＿＿＿＿＿＿＿＿＿＿とたんに、雨が降り出した。

4. ＿＿＿＿＿＿＿＿＿＿＿＿＿＿＿＿とたん、彼女は笑顔になった。

5. 大学生になったとたんに、息子は＿＿＿＿＿＿＿＿＿＿＿＿＿＿＿＿＿＿＿＿。

6. 彼は優秀なので、入社したとたんに＿＿＿＿＿＿＿＿＿＿＿＿＿＿＿＿＿＿。

7. 子どもは親を見つけたとたん、＿＿＿＿＿＿＿＿＿＿＿＿＿＿＿＿＿＿＿＿。

8. ＿＿＿＿＿＿＿＿＿＿＿＿＿＿＿とたんに、＿＿＿＿＿＿＿＿＿＿＿＿＿＿＿。

64 最中

📝 例文

① ケンさんは今、料理の最中だ。
② 仕事の最中に妻から電話がかかってきた。
③ 食べている最中に本を読まないでください。

👆 使い方

「今ちょうど～しているところだ」という意味で使う。後件には予期しない困った出来事や迷惑な出来事が来ることが多い。

This is used to indicate that some action is currently in progress. The phrase following it often expresses an unexpected and undesirable event or something that is a nuisance or inconvenience. ／表示"现在正在做…"的时候使用。后面往往接一些预料之外的让自己感到困惑或者不知所措的事情。／Sử dụng với nghĩa đúng lúc bây giờ đang làm ~. Thường ở vế sau là những sự kiện khó khăn không đoán trước, hoặc những sự kiện phiền toái.

確認しよう

正しいほうを選びなさい。
1.（　通勤を　・　通勤の　）最中に財布を落としてしまった。
2. 映画を（　見ている　・　見る　）最中に寝てしまった。

書いてみよう

＿＿＿＿＿＿＿＿に言葉を入れて、文を完成させなさい。

1. 今、宿題を＿＿＿＿＿＿＿＿＿＿＿＿最中だから、邪魔しないでほしい。

2. ＿＿＿＿＿＿＿＿＿＿＿＿最中に非常ベルが鳴って、びっくりした。

3. 人は＿＿＿＿＿＿＿＿＿＿＿＿最中に、夢を見る。

4. シャワーを＿＿＿＿＿＿＿＿＿＿＿＿最中に、せっけんで滑って転んでしまった。

5. ＿＿＿＿＿＿＿＿＿＿＿＿＿＿最中に話しかけないでほしい。

6. ＿＿＿＿＿＿＿＿＿＿＿＿＿＿最中は、楽しくて悩み事を忘れられる。

7. 試験の最中に、＿＿＿＿＿＿＿＿＿＿＿＿＿＿＿＿＿＿＿＿＿＿＿＿はいけません。

8. 旅行の最中に、＿＿＿＿＿＿＿＿＿＿＿＿＿＿＿＿＿＿＿＿＿＿＿＿＿＿＿。

📋 例文

① 傘を忘れたばかりに、雨に濡れてしまった。

② お金がなかったばかりに、遊びに行くのをあきらめた。

③ 自分の子どもがかわいいばかりに、きちんと叱れない親もいる。

👆 使い方

普

*なAな／である
*Nである
⊕ ばかりに

「AばかりにB」という形で、Aだけが原因でBになったということを表す。Bには悪い結果の文が入り、不満や残念な気持ちを表す。

Used in the pattern AばかりにB, this indicates that B is an undesirable outcome that is completely due to A. The phrase in B expresses the speaker's dissatisfaction or disappointment concerning that outcome. ／「AばかりにB」这个形式表示正是因为A的原因，导致了B这样的结果。B这里往往用一些结局不太好的事情，来表示自己不满或者很遗憾的心情。／Diễn tả chỉ có A là nguyên nhân mà trở thành B bằng mẫu câu "AばかりにB". Trong B có câu kết quả xấu, thể hiện cảm giác bất mãn, tiếc nuối.

確認しよう

正しいほうを選びなさい。

1．安い掃除機を（　買う　・　買った　）ばかりに、すぐ壊れてしまった。

2．練習が不十分だったばかりに、（　試合に負けてしまった　・　試合で活躍できた　）。

書いてみよう

＿＿＿＿＿＿＿＿＿＿に言葉を入れて、文を完成させなさい。

1．風邪を＿＿＿＿＿＿＿＿＿＿＿＿＿＿＿＿＿ばかりに、旅行に行けなくなってしまった。

2．テストで＿＿＿＿＿＿＿＿＿＿＿＿＿＿＿＿ばかりに、満点を逃してしまった。

3．＿＿＿＿＿＿＿＿＿＿＿＿＿＿＿＿＿＿ばかりに、上司の信用をすっかり失ってしまった。

4．＿＿＿＿＿＿＿＿＿＿＿＿＿＿＿＿＿＿ばかりに、彼女に振られてしまった。

5．若い頃に＿＿＿＿＿＿＿＿＿＿＿＿＿＿＿＿ばかりに、病気になってしまった。

6．マンガを読み始めたばかりに、＿＿＿＿＿＿＿＿＿＿＿＿＿＿＿＿＿＿＿＿＿＿＿＿＿＿＿。

7．夜更かしをしたばかりに、＿＿＿＿＿＿＿＿＿＿＿＿＿＿＿＿＿＿＿＿＿＿＿＿＿＿＿＿＿。

8．人間が便利な生活を求めたばかりに、＿＿＿＿＿＿＿＿＿＿＿＿＿＿＿＿＿＿＿＿＿＿＿＿。

66 づらい

📄 例文

1. この字は汚くて読みづらい。
2. このりんごはまるごとだと食べづらいから、小さく切ろう。
3. 警察官である彼がお金を盗んだとは考えづらい。

✋ 使い方

Vます	➕ づらい	～するのが難しいという意味を表す。「にくい」と同じように使われるが、より精神的・肉体的に難しい状況でよく使われる。

This indicates that the action preceding it is difficult to perform. It is similar in meaning to にくい, but is often used for cases where the action is especially challenging mentally or physically. ／表示某事做起来不容易。跟「にくい」的用法相同，但是往往用在"精神上"或者"生理上"比较困难的情况。／Thể hiện ý nghĩa làm ～ thì khó. Được sử dụng như "にくい" nhưng thường được sử dụng trong tình trạng khó khăn về tinh thần, thể xác.

確認しよう

「づらい」の使い方が正しいものには○、間違っているものには×を書きなさい。

1. （　　　）　この道はせまくて運転しづらい。
2. （　　　）　この道はよく整備されていて運転しづらい。

書いてみよう

＿＿＿＿＿＿＿＿に言葉を入れて、文を完成させなさい。

1. このはさみは大きくて、子どもには＿＿＿＿＿＿＿＿＿＿＿＿＿＿＿＿づらい。

2. その靴では山道を＿＿＿＿＿＿＿＿＿＿＿＿＿＿＿づらいから、ゆっくり行こう。

3. 今日彼は機嫌が悪く、＿＿＿＿＿＿＿＿＿＿＿＿＿＿＿づらい。

4. 彼が禁煙しているので、彼の目の前ではタバコが＿＿＿＿＿＿＿＿＿＿＿＿＿づらい。

5. ＿＿＿＿＿＿＿＿＿＿＿＿＿＿＿＿＿＿＿＿＿ので、家に帰りづらい。

6. 私の家はわかりづらい場所にあるので、＿＿＿＿＿＿＿＿＿＿＿＿＿＿＿＿＿＿＿＿。

7. 他の人の前では話しづらいことなら、＿＿＿＿＿＿＿＿＿＿＿＿＿＿＿＿＿＿＿＿＿＿＿。

8. あの、ちょっと言いづらいんですが、＿＿＿＿＿＿＿＿＿＿＿＿＿＿＿＿＿＿＿＿＿＿＿。

問題1　読解（内容理解 - 短文 Comprehension - Short passages）

つぎの（1）と（2）の文章を読んで、質問に答えなさい。答えは、1・2・3・4から最もよいものを一つえらびなさい。

（1）

これはケンさんの日記である。

> 今日、さくらを怒らせてしまった。
> デートの最中、僕が最近デートに遅刻しがちだったことをさくらに注意された。そのとき、つい「最近忙しくて、寝てなくて……」と言い訳をしてしまった。すると、さくらは怒って帰ってしまった。どうしたらいいかわからず、一人でしばらく考えていたが、僕がすぐに謝らなかったばかりに彼女を怒らせてしまったのだと気がついた。
> 明日アルバイト先で話しかけづらいけど、会ったらすぐに謝るつもりだ。

1 さくらさんに話しかけづらいのはどうしてか。

　1　二人のアルバイトの時間が違うから

　2　さくらさんが謝ってくれないから

　3　ケンさんが最近忙しいから

　4　さくらさんが怒っているから

(2)

これはセイセイさんが書いた作文である。

食事の大切さ

ソン　セイセイ

　バランスの悪い食事をしていると栄養が不足しがちになります。最近忙しくてちゃんとした食事の時間を取れず、カップラーメンばかり食べていました。そうしたら、この前のデートの最中、席から立ち上がったとたん、ふらふらして倒れてしまい、彼に心配をかけてしまいました。医者からは、鉄分が足りていないから貧血になったのだと言われました。それ以来、魚やレバーなど、苦手な食べ物でも積極的に食べるようにしています。

1　セイセイさんが倒れてしまったのはどうしてか。

1　栄養が足りなくなってしまったから

2　おなかがすいてしまったから

3　嫌いな食べ物を食べたから

4　カップラーメンを食べたから

問題2　文法（文法形式の判断 Selecting grammar form）

つぎの文の（　　　）に入れるのに最もよいものを、1・2・3・4から一つえらびなさい。

1 マラソン大会の（　　　）けがをして、歩けなくなってしまった。

1　ために　　　　2　最中に　　　　3　うちに　　　　4　中心に

2 私の父はあまりしゃべらないので、怒っていると思われ（　　　）が、本当は明るくて優しい。

1　てくる　　　　2　だらけだ　　　　3　っぽい　　　　4　がちだ

3 私が遅刻（　　　）ばかりに、みんなに迷惑をかけてしまった。

1　した　　　　2　して　　　　3　の　　　　4　な

4 彼女に出会った（　　　）、恋に落ちてしまった。

1　はじめ　　　　2　とたん　　　　3　によって　　　　4　以来

5 病院では、（　　　）静かに歩きなさい。

1　走ると　　　　2　走って　　　　3　走らない　　　　4　走らず

6 田中　「大石さん、どうしてまだ帰らないんですか。」
大石　「妻とけんかして、家に帰り（　　　）んですよ……。」

1　そうな　　　　2　たい　　　　3　づらい　　　　4　やすい

7 今田　「やっと暖かくなってきましたね。」
河野　「はい、4月に（　　　）とたんに花も咲き始めましたね。」

1　なった　　　　2　なって　　　　3　なれ　　　　4　なる

8 内村　「日本での生活はどうですか。」
スミス　「慣れてきましたよ。最初は言葉が（　　　）ずに、苦労しましたけどね。」

1　わかる　　　　2　わかれ　　　　3　わから　　　　4　わかり

問題3 文法（文の組み立て Sentence composition）

つぎの文の ___★___ に入る最もよいものを、1・2・3・4から一つえらびなさい。

1 交差点では _____ _____ ___★___ _____ 注意しよう。
 1 だから   2 起きがち   3 十分に   4 交通事故が

2 鍵を _____ _____ ___★___ _____ 泥棒に入られた。
 1 忘れて   2 かけるのを   3 しまった   4 ばかりに

3 映画館で映画を _____ _____ ___★___ _____ 恥ずかしかった。
 1 最中に   2 携帯電話が   3 見ている   4 鳴り出して

4 ダイエットを _____ _____ ___★___ _____ なくなる人もいる。
 1 最初のようには簡単に   2 体重が落ちず
 3 始めて何か月か経つと   4 やる気が

5 家だと _____ _____ ___★___ _____ 勉強しようと思う。
 1 他のことが   2 集中しづらいので
 3 気になって   4 図書館で

6 子どもたちは、先生が _____ _____ ___★___ _____ やめて、遊び始めた。
 1 出て行った   2 とたん   3 教室を   4 勉強を

7 南 「あれ、隆くんは学校に来ないの？」
 大地「うん。まだ寒いのに、海に _____ _____ ___★___ _____ そうだよ。」
 1 ばかりに   2 風邪をひいた   3 入って   4 遊んだ

8 浩平「ボーナスが入ったらどうするの？」
 梨花「最近 _____ _____ ___★___ _____ と思っているよ。」
 1 しがちだから   2 貯金しよう
 3 無駄づかい   4 将来のために

まず質問を聞いてください。そのあと、問題用紙を見てください。読む時間があります。それから話を聞いて、問題用紙の1から4の中から、最もよいものを一つえらんでください。

♪ N3-71

1　ねつがあるから
2　仕事が終わったから
3　部長に帰るように言われたから
4　子どもをむかえに行かなければならないから

まず文を聞いてください。それから、そのへんじを聞いて、1から3の中から、最もよいものを一つえらんでください。

1	♪ N3-72	1	2	3
2	♪ N3-73	1	2	3
3	♪ N3-74	1	2	3
4	♪ N3-75	1	2	3
5	♪ N3-76	1	2	3
6	♪ N3-77	1	2	3

第12課

| 単語 | 文法の練習に出てくる難しい単語の意味を確認しましょう。 |

名詞

☐ 愛	love	爱	tình yêu
☐ イヤホン	earphones	耳机	tai nghe
☐ ウグイス	Japanese bush warblers	莺，黄莺	chim oanh
☐ カフェオレ	café au lait	牛奶咖啡	café au lait
☐ 関心	interest	感兴趣的事情	sự quan tâm
☐ ～原産	native to ~	原产地是～	sản xuất tại ~
☐ 好み	preference	喜好，嗜好	sở thích
☐ 主題歌	theme song	主题曲	bài hát chủ đề
☐ 職業	profession	职业	nghề nghiệp
☐ 植物	plant	植物	thực vật
☐ 身長	body height	身高	chiều cao
☐ 倉庫	warehouse, storehouse	仓库	nhà kho
☐ 谷	valleys	洼地	thung lũng
☐ 地名	place names	地名	địa danh
☐ 南米	South America	南美洲	Nam Mỹ
☐ 服装	clothing	着装	trang phục
☐ 焼き加減	doneness	烤的程度	độ chín
☐ 料金	fee, price	价格	số tiền, mức giá

い形容詞

☐ 幼い	very young	年幼的	nhỏ, ấu thơ

動詞

☐ 飲酒（する）	alcohol consumption; drink alcohol	喝酒	sự uống rượu; uống rượu
☐ 禁止（する）	prohibition; prohibit	禁止	sự cấm; cấm
☐ すっきりする	feel refreshed, feel better	畅快，爽快	thoải mái
☐ 正解（する）	correct answer; answer correctly	回答正确	sự chính xác; trả lời chính xác
☐ 設置（する）	installation; install	设置	sự lắp đặt; lắp đặt
☐ 望む	wish for	希望	kỳ vọng, mong mỏi
☐ 不自由（する）	lack of freedom/access/etc.; destitute, severely lack	不充裕	sự thiếu thốn; thiếu thốn
☐ リラックスする	relax	放松	thư giãn

その他

☐ ～向き	~ -facing	面向～	hướng ~

📑 **例文**

1. 上着を持たないで出かけたので、兄はすぐに帰ってくるのではないだろうか。
2. 最初から何でも上手にできる人は、いないのではないだろうか。
3. 環境問題は地球からのＳＯＳサインなのではないでしょうか。

👆 **使い方**

普 *なAな ➕ のではないだろうか
　*Nな

話し手・書き手の推測による判断・考え・主張を婉曲に伝える表現。丁寧形は「のではないでしょうか」となる。

This is used to passively express a judgment, thought, or assertion based on the speaker/writer's conjecture. The polite form is のではないでしょうか。／用来委婉表达说话人或者作者通过推测之后做出的判断、思考以及主张。比较正式的形式是「のではないでしょうか」。／Đây là cách diễn đạt vòng vo phán đoán, suy nghĩ, chủ trương theo dự đoán của người nói, người viết. Thể lịch sự là "のではないでしょうか".

確認しよう

正しいほうを選びなさい。
1. お金がなくても、愛があれば（　幸せだ　・　幸せな　）のではないだろうか。
2. 鍵をよく探したが出てこない。もう（　見つかった　・　見つからない　）のではないだろうか。

書いてみよう

＿＿＿＿＿＿＿＿＿＿に言葉を入れて、文を完成させなさい。

1. 嘘をつく人が好きな人は、＿＿＿＿＿＿＿＿＿＿＿＿＿＿＿＿＿＿のではないだろうか。

2. 誰でも夏休みは＿＿＿＿＿＿＿＿＿＿＿＿＿＿＿＿＿のではないでしょうか。

3. リョウさんは昨日体調が悪そうだったので、今日は＿＿＿＿＿＿＿＿のではないだろうか。

4. ハンさんが帰国して３年になる。もう日本語を＿＿＿＿＿＿＿＿のではないだろうか。

5. テストの後、ランさんがにこにこしていた。＿＿＿＿＿＿＿＿＿のではないだろうか。

6. ＿＿＿＿＿＿＿＿＿＿のない生活は、想像することができないのではないでしょうか。

7. 子どもにとって一番必要なのは＿＿＿＿＿＿＿＿＿＿＿＿＿のではないでしょうか。

8. ＿＿＿＿＿＿＿＿＿＿＿＿＿＿＿＿＿＿＿＿＿＿のではないだろうか。

68 ことはない

📝 例文

1. アヤ　「あ！財布を忘れちゃった。家に戻って取ってくるね。」
　　リコ　「戻ることはないよ。私が払うから。」
2. 少し遅れます。私を待つことはないので、先に出発してください。
3. ちょっと間違えたからといって、そんなに怒ることはないじゃないか。

👆 使い方

Vる ➕ ことはない	～する必要はない、～しなくてもいいということを表す。アドバイスや忠告をする時によく使われる。③のように、相手を非難する時に使われることもある。

This expresses that there is no need or obligation to perform the action mentioned. It is often used to state advice or a warning. As seen in ③ it is also sometimes used to criticize the listener. ／表示没有做某事的必要或不用做某事也可以。常用在表达建议或对别人的忠告时使用。也有像③这种情况，在表示有责备对方意思的时候使用。／Diễn tả việc không cần làm ~, không làm ~ cũng được. Thường được sử dụng khi khuyên bảo, hay cảnh cáo. Cũng có khi được sử dụng để phê phán đối phương, như câu ③

確認しよう

正しいほうを選びなさい。
1. 恋人に振られたからといって、そんなに（　落ち込む　・　落ち込んだ　）ことはないよ。
2. そんなに泣くことはないよ。（　ほら、涙を拭いて　・　泣いてすっきりするといいよ　）。

書いてみよう

＿＿＿＿＿＿に言葉を入れて、文を完成させなさい。

1. ダイエット中だからといって、そんなに野菜ばかり＿＿＿＿＿＿＿＿＿ことはないんじゃない？

2. まだ夕方だし、そんなに急いで＿＿＿＿＿＿＿＿ことはないよ。もう少し一緒に遊ぼうよ。

3. 休日だからといって、無理に＿＿＿＿＿＿＿ことはないよ。どこも混んでいるから家にいよう。

4. その店なら近いから、＿＿＿＿＿＿＿＿ことはないです。歩いて行きましょう。

5. そのマンガが読みたいの？僕が貸してあげるから、＿＿＿＿＿＿＿＿ことはないよ。

6. 病気といっても＿＿＿＿＿＿＿＿＿＿＿ことはありませんよ。ただの風邪です。

7. ＿＿＿＿＿＿＿＿からといって、一日中勉強することはないよ。少しリラックスしてよ。

8. ＿＿＿＿＿＿＿＿からといって、怒ることはないじゃないか。機嫌を直してよ。

📝 例文

① このレストランでは、客の好みに応じて肉の焼き加減を変えている。
② 天気に応じた服装でご参加ください。
③ 何人参加するかに応じてイベントの場所を決めよう。

☝ 使い方

N ➕ に応じて	「Aに応じてB」という形で、Aに合わせてBをする／Bになるということを表す。
に応じた N	Used in the pattern Aに応じてB, this expresses that B is performed/occurs in line with A. ／「Aに応じてB」这个形式表示事情B是在配合事情A的情况下做的，或是因为配合事情A而成了事情B的结果。／ Diễn tả việc làm / trở nên B để phù hợp với A bằng mẫu câu "Aに応じてB".

確認しよう

正しいほうを選びなさい。

1. その日の暑さ（　に　・　を　）応じて、アイスクリームの販売量は変化する。
2. タクシーの料金は、走る距離に応じて（　同じだ　・　変わる　）。

書いてみよう

＿＿＿＿＿＿＿＿＿に言葉を入れて、文を完成させなさい。

1. この美容院では、客の髪の＿＿＿＿＿＿＿＿＿＿＿＿＿に応じて料金が変わる。

2. このレストランでは＿＿＿＿＿＿＿＿＿＿＿＿に応じた食材を使って、おいしい料理を出している。

3. 子どもには＿＿＿＿＿＿＿＿＿＿＿＿に応じた教育をするとよい。

4. このツアーでは、参加者の関心に応じて、＿＿＿＿＿＿＿＿＿＿＿＿＿＿＿＿＿＿＿＿＿。

5. アルバイトの給料は＿＿＿＿＿＿＿＿＿＿＿＿＿に応じて計算される。

6. 学生　「次はどの教科書で勉強するんですか。」

　　先生　「皆さんの希望に応じて＿＿＿＿＿＿＿＿＿＿＿＿＿＿＿＿＿。」

7. このジムでは＿＿＿＿＿＿＿＿＿＿＿に応じて＿＿＿＿＿＿＿＿＿＿＿＿＿＿＿＿＿＿。

8. ＿＿＿＿＿＿＿＿＿＿＿＿＿＿＿＿＿＿に応じて＿＿＿＿＿＿＿＿＿＿＿＿＿＿＿＿＿＿。

70 に比べて

_____月_____日

例文

1. 今日に比べて昨日は涼しかった。
2. 今回のテストは前回に比べ、よくできた。
3. 最近の子どもは昔の子どもに比べると、外で遊ぶ時間が減っている。

使い方

N	➕ に比べて に比べ に比べると	「AはBに比べて〜」の形、または「Bに比べてAは〜」の形で、Bを比較の基準にして、Aについて述べる。「AはBよりも〜だ」という意味になる。

Used in the pattern AはBに比べて〜 or Bに比べてAは〜, this is used to describe A in comparison with B. It indicates that a characteristic of A is at a level greater (or less) than that of B. ／「AはBに比べて〜」或「Bに比べてAは〜」这个形式表示以事情B为基准来阐述事情A。有 "A比B更…" 的意思。／Bằng mẫu câu "AはBに比べて〜", hoặc bằng mẫu câu "Bに比べてAは〜", lấy B làm tiêu chuẩn so sánh để trình bày về A. Có nghĩa là A thì 〜 hơn cả B.

確認しよう

正しいほうを選びなさい。

1. 私の身長は 155 センチで、母は 165 センチだ。私は母に比べて身長が（　高い　・　低い　）。

2. 私の時給は 1,100 円で、彼は 1,200 円だ。（　私　・　彼　）の時給に比べて（　私　・　彼　）の時給は高い。

書いてみよう

_____に言葉を入れて、文を完成させなさい。

1. この部屋は南向きなので、他の_____に比べて明るい。

2. _____に比べて、カフェオレは甘いので、あまり好きではない。

3. ガラスのコップは、_____に比べて壊れやすい。

4. 田舎に比べて都会は_____。

5. このイヤホンは他のに比べて_____ので、値段が高い。

6. 私の国は日本に比べて_____。

7. 他の人に比べると、私は_____。

8. _____は_____に比べて、_____。

第12課 文法の練習

151

71 ことから

例文

① この道では交通事故がよく起こったことから、信号が設置された。

② ジャガイモは南米原産だが、育てやすいことから、世界中で作られるようになった。

③ 東京は昔、谷が多い土地だったことから、今でも「谷」という漢字がつく地名が多い。

使い方

普
* なA な／である ➕ ことから
* N である

「AことからB」で、Aが理由、原因、根拠でBだということを表す。物事の由来を説明する時にもよく使われる。

Used in the pattern AことからB, this expresses that A is the cause of or reason/grounds for B. It is often used to explain the origin or background of something. ／「AことからB」这个形式里的事情A一般是"理由""原因""根据"，表示根据事情A而得出事情B的意思。往往在说明事物的由来时使用。／Diễn tả A là lý do, nguyên nhân, căn cứ để B bằng "AことからB". Thường được sử dụng khi giải thích về nguồn gốc của sự vật.

確認しよう

正しいほうを選びなさい。

1．この国では飲酒が禁止されている（ もの ・ こと ）から、店でお酒が売られていない。

2．ウグイスは春になると鳴く（ 鳥だ ・ 鳥である ）ことから、春を教える鳥だと言われている。

書いてみよう

_____に言葉を入れて、文を完成させなさい。

1．マイケルさんは_____ことから、スピーチ大会の代表に選ばれた。

2．この歌手は有名な映画の主題歌を_____ことから、世界中で人気になった。

3．猫はネズミをよく_____ことから、昔は倉庫で飼われることが多かった。

4．子どもは寒くても外で元気に_____ことから、「子どもは風の子」と言われる。

5．_____ことから、この街にはたくさんの観光客が来るようになった。

6．彼は父親が_____ことから、幼い頃からその職業に関心を持っていた。

7．ゾウの姿の神様がいることから、この国では_____。

8．_____ことから、彼は今でも_____。

72 〜さえ…ば

例文

1. この薬さえ飲めば、風邪なんてすぐ治りますよ。
2. これくらいの汚れなら、水で洗いさえすれば、きれいに消えるだろう。
3. お金さえあれば、新しいパソコンが買えるのですが……。

使い方

N ➕ さえ Vば
　　　　 いA ければ
　　　　 なA なら
　　　　 N なら

Vます ➕ さえすれば
Vて ➕ さえいれば

「AさえBば、〜」の形で、〜が成立するためにはその条件だけで十分だということを表す (1 2)。またその条件が成立せず、残念な気持ちを表現する時にも使える (3)。

Used in the pattern AさえBば、〜, this expresses that a certain result can be achieved by just satisfying the condition stated (1 2). It can also be used to express disappointment that the condition was not met (3). ／「AさえBば、〜」这个形式表示若想要能成功顺利地完成事情B，只要满足事情A这个条件就可以的意思 (1 2)。另外，也表示由于事情A这个条件未能成立而没有得到想要的结果的意思，在这里往往表达一种很遗憾的心情 (3)。／Diễn tả chỉ cần điều kiện đó là đủ để 〜 thành lập bằng mẫu câu "AさえBば、〜", như câu (1 2). Ngoài ra, cũng có thể sử dụng khi diễn đạt cảm giác tiếc nuối do điều kiện đó không thành lập, như câu (3).

確認しよう

正しいほうを選びなさい。

1. 家に帰りさえ（　すると　・　すれば　）、家族が笑顔で迎えてくれて、一日の疲れが取れる。
2. 雨さえ（　降れば　・　降らなければ　）、ハイキングに行けたのですが、今日は残念ですね。

書いてみよう

＿＿＿＿＿＿に言葉を入れて、文を完成させなさい。

1. この植物は、水を＿＿＿＿＿＿さえすれば大丈夫なので、育てるのが簡単だ。

2. 天気さえ＿＿＿＿＿＿ば、海へ行きたいです。

3. おなかが空いていないので、夕飯は＿＿＿＿＿＿さえあれば、十分だ。

4. 電車さえ＿＿＿＿＿＿ば、間に合ったのですが……。

5. 家族さえ＿＿＿＿＿＿なら、これ以上望むことはありません。

6. この仕事は、＿＿＿＿＿＿さえ＿＿＿＿＿＿ば、応募できる。

7. あと1問正解してさえいれば、＿＿＿＿＿＿のに……。

8. 悲しいときも、＿＿＿＿＿＿さえ＿＿＿＿＿＿ば、元気が出る。

問題1　読解（内容理解 - 長文 Comprehension - Long passages）

つぎの文章を読んで、質問に答えなさい。答えは、1・2・3・4から最もよいものを一つえらびなさい。

これは留学生のゴックさんが書いた作文である。

外国語の学び方

グエン　ティ　ゴック

　外国語の勉強は大変だ。この前、クラスの友達から相談された。他の学生が先生の質問に簡単に答えるのを見ていると、それに比べて自分にはセンスがないと感じてしまうのだそうだ。でも、そんな風に落ち込むことはないと思う。人にはそれぞれ自分に合った学び方があるからだ。

　私は小さいとき、英会話学校に通わされていた。先生は親切で、歌ったりゲームをしたりしながら楽しく教えてくれたが、私は英語を発音するのが恥ずかしくて、好きになれなかった。しかし、小学校で英語の文法の授業が始まると、英語が好きになった。私はもともと読書が好きだったことから、英語で書いてある文の意味がわかるようになるのが嬉しかった。そして、文法がわかるようになると、英語で話すことにも自信が持てるようになった。

　一方で、私の妹は文法の勉強は大嫌いだったと言う。しかし、妹が話す英語はとてもきれいで、外国の人たちと上手にコミュニケーションをとることができる。英語の歌が歌えるようになりたくて、何回も繰り返し歌っているうちに英語がわかるようになったと言っていた。歌を思い出しさえすれば、状況に応じた自然な表現が出てくるのだそうだ。

　私や妹のように、自分の好きなことを利用した学び方を見つけてみよう。そうすれば、その外国語が好きになり、楽しく上手になれるのではないだろうか。

---

1 そんな風に落ち込むことはないとあるが、どういうことか。

1 人より自分ができないと考えて落ち込む必要はないということ

2 先生の質問に答えられなくて落ち込む必要はないということ

3 外国語が好きになれなくて落ち込む必要はないということ

4 自分に合った勉強方法が見つからなくて落ち込む必要はないということ

2 ゴックさんは小さいとき、どうして英語が好きではなかったのか。

1 文法が理解できなかったから

2 先生が厳しかったから

3 英語の読み方がわからなかったから

4 英語を話すのが恥ずかしかったから

3 この文章では「妹」がどんな人だと書いてあるか。

1 英語の文法がわからない人

2 英語の歌を使って英語が上手になった人

3 努力せずに英語ができるようになった人

4 歌で使う英語しかわからない人

4 この文章の内容に合っているのはどれか。

1 外国語は自分に合った方法で楽しんで勉強するといい。

2 外国語を勉強するときは、最初に文法を勉強したほうがいい。

3 外国語はクラスで勉強するよりも、自分のペースで勉強したほうがいい。

4 外国語のセンスがない人は、外国語以外の勉強を楽しんだほうがいい。

つぎの文の（　　　）に入れるのに最もよいものを、1・2・3・4から一つえらびなさい。

1 彼は朝ご飯を食べずに出かけたから、今頃おなかがすいている（　　　）。

1　わけがない

2　わけにはいかない

3　のではないだろうか

4　かのようだ

2 この学校では学生の成績に（　　　）授業の内容を変えている。

1　もとにして　　　　2　対して　　　　3　ついて　　　　4　応じて

3 この国は日本に（　　　）環境保護への意識が高い。

1　比べて　　　　2　関して　　　　3　ともなって　　　　4　つれて

4 私が言ったことを全てメモする（　　　）はありませんよ。あとでプリントを配ります。

1　ところ　　　　2　よう　　　　3　こと　　　　4　もの

5 この池はカエルがたくさんいる（　　　）、「カエル池」と呼ばれている。

1　かわりに　　　　2　うちに　　　　3　おかげで　　　　4　ことから

6 母　「ちょっと、明日のテストの勉強をしなくていいの？」

娘　「大丈夫。明日のテストは60点さえ（　　　）合格って先生が言ってた。」

1　取れれば　　　　2　取れても　　　　3　取れて　　　　4　取るなら

7 宮下　「桜井さん、水沢さんがどこに行ったかご存じですか。」

桜井　「財布だけ持って出て行ったから、コンビニに（　　　）のではないでしょうか。」

1　行きました　　　　2　行った　　　　3　行ける　　　　4　行かない

8 客　「あのう、花束がほしいんですが、いくらですか。」

花屋　「お客様のご予算（　　　）応じてお作りしますよ。」

1　を　　　　　　　　2　に　　　　　　　　3　が　　　　　　　　4　は

つぎの文の＿★＿に入る最もよいものを、1・2・3・4から一つえらびなさい。

1 食事に一番大切なのはバランスなので、＿＿＿ ＿＿＿ ＿★＿ ＿＿＿ ない。
1 この食べ物　　　　2 大丈夫　　　　3 さえ食べれば　　　4 というものは

2 私はみんなが ＿＿＿ ＿＿＿ ＿★＿ ＿＿＿ 夕飯を用意している。
1 できるように　　　　　　　　　　2 応じて
3 温かい食事が　　　　　　　　　　4 家族の帰宅時間に

3 この街は ＿＿＿ ＿＿＿ ＿★＿ ＿＿＿ やってくるようになった。
1 有名なサッカーチームの　　　　　2 できたことから
3 たくさんの人が　　　　　　　　　4 スタジアムが

4 このシステムを ＿＿＿ ＿＿＿ ＿★＿ ＿＿＿ できる。
1 2倍の速さで仕事が　　　　　　　2 これまでのやり方に
3 使えば　　　　　　　　　　　　　4 比べて

5 冷蔵庫に入れておけばいいのだから、＿＿＿ ＿＿＿ ＿★＿ ＿＿＿ ですよ。
1 おなかがいっぱいなら　　　　　　2 ことはない
3 食べる　　　　　　　　　　　　　4 無理して

6 この時計は日本製なので ＿＿＿ ＿＿＿ ＿★＿ ＿＿＿ と思います。
1 安い　　　　　　　　　　　　　　2 買ったほうが
3 のではないだろうか　　　　　　　4 日本で

7 観光客 「あれ、まだ桜は咲いていないんですか。」
　ガイド 「今年は寒いので、昨年に ＿＿＿ ＿＿＿ ＿★＿ ＿＿＿ そうです。」
1 なる　　　　　2 遅く　　　　　3 咲くのが　　　　4 比べて

8 1年生 「今日の会議は、この前の学園祭の反省会ですね。」
　3年生 「はい。1年生でも ＿＿＿ ＿＿＿ ＿★＿ ＿＿＿ ね。」
1 どんどん意見を　　2 遠慮する　　　3 言ってください　　4 ことはないので

まず質問を聞いてください。そのあと、問題用紙を見てください。読む時間があります。それから話を聞いて、問題用紙の1から4の中から、最もよいものを一つえらんでください。

♪ N3-78

    1　元気がなかったこと

    2　なやみをそうだんしなかったこと

    3　さくらさんの話をよく聞かなかったこと

    4　さくらさんにアドバイスをしなかったこと

まず文を聞いてください。それから、そのへんじを聞いて、1から3の中から、最もよいものを一つえらんでください。

1	♪ N3-79	1	2	3
2	♪ N3-80	1	2	3
3	♪ N3-81	1	2	3
4	♪ N3-82	1	2	3
5	♪ N3-83	1	2	3
6	♪ N3-84	1	2	3

第13課

単語

文法の練習に出てくる難しい単語の意味を確認しましょう。

名詞

☐ 一般常識	common sense	一般常识	kiến thức phổ thông
☐ 子犬	puppy	小狗	con cún, chó con
☐ 高級車	luxury car	豪车	siêu xe
☐ 昼食	lunch	午饭	bữa ăn trưa
☐ 幼稚園	kindergarten	幼儿园	trường mẫu giáo

動詞

☐ 移動（する）	movement; move (to), go (to)	移动（起身前往…）	sự di chuyển; di chuyển
☐ 欠ける	lack	缺少	thiếu
☐ 支える	support	支撑	nâng đỡ, giúp đỡ
☐ 責める	blame	责备	đổ lỗi
☐ 提出（する）	submission; submit	提出	sự nộp; nộp
☐ 解く	solve	解决	giải đáp
☐ 干す	hang to dry	晾（衣服）	phơi

その他

☐ ～向け	for ～	面向 ～	dành cho ～

📅 ＿＿＿月＿＿＿日

📝 例文

① 美容院へ行くついでに買い物をしよう。

② この店では、車の修理のついでに掃除もしてくれる。

③ 妹 「あ、お菓子買ってきてくれたの？」

　　兄 「コンビニに行ったついでだよ。」

☝ 使い方

| Ｖる |
| Ｖた | ＋ ついでに |
| Ｎの | 　　 ついでだ |

「ＡついでにＢ」で、「目的はＡだが、その機会を使って都合よくＢする」ということを表す。ＡとＢの動作主は同じ。Ｂを省略する場合「Ａついでだ」となる（③）。

Used in the pattern ＡついでにＢ, this expresses that A is the main action to be performed, and is used as an opportunity to perform B incidentally. A and B share the same subject. When B is omitted, the pattern Ａついでだ is used (③). ／「ＡついでにＢ」这个形式表示"目的虽然是事情A，但是利用做事情A的这个机会也顺便做了事情B"的意思。这里事情A跟事情B的主语是相同的。有时候也可以省略B，这个时候变成「Ａついでだ」的形式（③）。／Diễn tả "mục đích là A nhưng sử dụng cơ hội đó để nhân tiện làm B" bằng mẫu câu "ＡついでにＢ". Chủ động tác của A và B là một. Trường hợp giản lược B thì sẽ là "Ａついでだ", như câu (③).

確認しよう

正しいほうを選びなさい。

1．買い物（　を　・　の　）ついでに、銀行でお金を下ろした。

2．夕飯を作る（　ついでに　・　ながら　）、明日のお弁当も準備した。

書いてみよう

＿＿＿＿＿＿＿＿に言葉を入れて、文を完成させなさい。

1．出張でイタリアへ＿＿＿＿＿＿＿＿＿ついでに、有名な店のピザを食べてきた。

2．＿＿＿＿＿＿＿＿＿＿＿ついでに、手紙をポストに出した。

3．＿＿＿＿＿＿＿＿＿＿＿のついでに、ごみ捨て場にごみを出してきた。

4．子どもを幼稚園へ＿＿＿＿＿＿＿＿＿ついでに、スーパーに寄ろう。

5．（会社で）休憩室へ行くついでに、＿＿＿＿＿＿＿＿＿くれませんか。

6．国へ帰ったついでに、＿＿＿＿＿＿＿＿＿＿＿＿＿＿＿＿＿＿。

7．シャワーを浴びるついでに、＿＿＿＿＿＿＿＿＿＿＿＿＿＿＿＿＿。

8．＿＿＿＿＿＿＿＿＿ついでに、＿＿＿＿＿＿＿＿＿＿＿＿＿。

74 次第

📅 _____月_____日

📝 **例文**

1. たくさん<ruby>汗<rt>あせ</rt></ruby>をかいたから家に帰り<ruby>次第<rt>しだい</rt></ruby>、シャワーを<ruby>浴<rt>あ</rt></ruby>びよう。
2. 早くバイクに<ruby>乗<rt>の</rt></ruby>りたいので、16<ruby>歳<rt>さい</rt></ruby>になり<ruby>次第<rt>しだい</rt></ruby>、<ruby>免許<rt>めんきょ</rt></ruby>を<ruby>取<rt>と</rt></ruby>ろうと思う。
3. (<ruby>留守番電話<rt>るすばん</rt></ruby>のメッセージ) 会社に<ruby>戻<rt>もど</rt></ruby>り<ruby>次第<rt>しだい</rt></ruby>、お電話ください。

👆 **使い方**

V ます
N
➕ 次第

「A<ruby>次第<rt>しだい</rt></ruby>、B」の<ruby>形<rt>かたち</rt></ruby>で、Aの<ruby>後<rt>あと</rt></ruby>すぐにBを<ruby>行<rt>おこな</rt></ruby>うということを<ruby>表<rt>あらわ</rt></ruby>す。Bには<ruby>動作主<rt>どうさしゅ</rt></ruby>の<ruby>意思<rt>いし</rt></ruby>が<ruby>入<rt>はい</rt></ruby>り、<ruby>状態<rt>じょうたい</rt></ruby>や<ruby>発生<rt>はっせい</rt></ruby>などを<ruby>述<rt>の</rt></ruby>べることには<ruby>使<rt>つか</rt></ruby>わない。また、<ruby>過去<rt>かこ</rt></ruby>のことには<ruby>使<rt>つか</rt></ruby>えない。

Used in the pattern A次第、B, this indicates that B is performed immediately after A. B expresses an act that is the will of the performer, and cannot indicate a state, occurrence, etc. Also, this cannot be used to describe actions in the past.／「A次第、B」这个形式表示，在事情A结束后立即做事情B的意思。事情B里面往往带有动作发出人的意志，而不能用表示状态或者事情发生的词汇。另外，在表达过去的事情时不能使用。／Diễn tả việc tiến hành B ngay sau khi A bằng mẫu câu "A次第、B". B là ý chí của chủ động tác, không sử dụng khi trình bày tình trạng, phát sinh v.v. Ngoài ra, không được dùng cho việc trong quá khứ.

確認しよう

<ruby>正<rt>ただ</rt></ruby>しいほうを<ruby>選<rt>えら</rt></ruby>びなさい。

1. <ruby>準備<rt>じゅんび</rt></ruby>が (でき ・ できて) <ruby>次第<rt>しだい</rt></ruby>、出かけよう。
2. 仕事が (終わる ・ 終わり) <ruby>次第<rt>しだい</rt></ruby>、家に帰ります。

書いてみよう

_____に<ruby>言葉<rt>ことば</rt></ruby>を入れて、文を<ruby>完成<rt>かんせい</rt></ruby>させなさい。

1. 食事が_____<ruby>次第<rt>しだい</rt></ruby>、<ruby>皿洗<rt>さらあら</rt></ruby>いをしよう。

2. <ruby>十分<rt>じゅうぶん</rt></ruby>な<ruby>貯金<rt>ちょきん</rt></ruby>が_____<ruby>次第<rt>しだい</rt></ruby>、家を買うつもりだ。

3. <ruby>心配<rt>しんぱい</rt></ruby>だから、家に_____<ruby>次第<rt>しだい</rt></ruby>、電話してくださいね。

4. <ruby>絶対<rt>ぜったい</rt></ruby>に行きたいコンサートなので、_____<ruby>次第<rt>しだい</rt></ruby>買おう。

5. <ruby>昼食<rt>ちゅうしょく</rt></ruby>をとりますので、<ruby>会議<rt>かいぎ</rt></ruby>が_____<ruby>次第<rt>しだい</rt></ruby>、<ruby>食堂<rt>しょくどう</rt></ruby>へ<ruby>移動<rt>いどう</rt></ruby>してください。

6. 早く<ruby>泳<rt>およ</rt></ruby>ぎたいから、海に着き<ruby>次第<rt>しだい</rt></ruby>_____。

7. <ruby>旅行<rt>りょこう</rt></ruby>の<ruby>計画<rt>けいかく</rt></ruby>が<ruby>決<rt>き</rt></ruby>まり<ruby>次第<rt>しだい</rt></ruby>、_____つもりだ。

8. _____<ruby>次第<rt>しだい</rt></ruby>、_____。

第13課

文法の練習

📑 **例文**

① あの子は子どものくせに、財布に３万円も入れている。

② この子犬は、体が小さいくせにたくさん食べる。

③ できないくせに、できると言わないでください。

👆 **使い方**

（普）
*[なA]な ➕ くせに
*[N]の

「のに」と同じように逆接を表すが、相手への非難・不満・軽蔑の気持ちを表す。また、②のように意外に感じた時や人をからかう時にも使う。前件と後件の主語は同じ。

Similar to のに, this sets up a contrast, but is used to express criticism, displeasure, contempt, and other such feelings. As seen in ②, it can also be used to convey surprise or to tease someone. The parts preceding and following it share the same subject. ／跟「のに」一样，表示事情的转折，但是带有对对方的"责备""不满""轻蔑"等的心情在里面。另外，也有像例句②这种情况，表示感到意外，或者来挑逗别人的时候使用。前后主语要一致。／Diễn tả ý ngược lại như "のに" nhưng thể hiện cảm giác phê phán, bất mãn, khinh thường với đối phương. Sử dụng cả khi cảm thấy bất ngờ, như câu ②, hoặc khi trêu chọc người khác. Chủ ngữ của vế trước và vế sau là một.

確認しよう

「くせに」の使い方が正しいものには○、間違っているものには×を書きなさい。

1.（　　　）　彼は若いくせに、まじめに仕事をして家族を支えていて、立派だ。

2.（　　　）　彼は若いくせに、すぐに「疲れた」と言って座ってしまう。

書いてみよう

＿＿＿＿＿＿＿＿に言葉を入れて、文を完成させなさい。

1. レオンくんはお金が＿＿＿＿＿＿＿＿＿くせに、高級車を買うことばかり話している。

2. 自分が地図を見間違えたせいで＿＿＿＿＿＿＿＿＿くせに、私を責めないでよ。

3. 妹は＿＿＿＿＿＿＿＿＿くせに、高校で習う数学の問題を解いてしまう。

4. 彼は学校を＿＿＿＿＿＿＿＿＿くせに、アルバイトには行った。

5. 彼はアユミちゃんのことが＿＿＿＿＿＿＿＿＿くせに、いじわるをして彼女を怒らせる。

6. 彼女は学校の成績が＿＿＿＿＿＿＿＿＿くせに、一般常識に欠ける。

7. 坂本さんは新人のくせに、＿＿＿＿＿＿＿＿＿＿＿＿＿＿＿＿＿＿＿＿＿＿＿。

8. 娘は掃除の仕方も知らないくせに、＿＿＿＿＿＿＿＿＿＿＿＿＿＿＿＿＿と言っている。

 例文

1. ひまなわけではないけれど、今日は何もせずにゆっくりしたい気分だ。
2. 音楽大学を卒業したからといって、みんなが音楽家になれるわけではない。
3. 行けないわけではないんですが、今日はちょっと……。

 使い方

(普)
* なA な
* N な／の ➕ わけではない

「Aわけではない」の形で、全てがAだと言うことはできない、必ずAとは言えないということを表す。③のように遠慮がちに断る時にも使う。「からといって (p.65)」と一緒に使うことが多い。

Used in the pattern Aわけではない, this indicates that A is not necessarily always the case. As seen in ③, it can also be used to gracefully turn down an invitation or offer. It is often used in combination with からといって (p.65). ／「Aわけではない」这个形式表示"事情A并非完全都正确", 或"未必都是事情A那样"的意思。像例句③这种在表示很委婉地拒绝的时候也使用。更常跟「からといって (p.65)」这个形式一起使用。／Diễn tả việc không thể nói tất cả là A, không thể nói chắc chắn là A bằng mẫu câu "Aわけではない". Cũng sử dụng khi từ chối với khuynh hướng ngại ngần, như câu ③. Thường sử dụng với "からといって (p.65)".

確認しよう

正しいほうを選びなさい。

1. 私は料理が（ 得意な ・ 得意だ ）わけではないけれど、カレーなら作れるよ。
2. 今週は（ 雨が降る ・ 雨が降らない ）わけではないが、だいたいいい天気だそうだ。

書いてみよう

＿＿＿＿＿＿＿に言葉を入れて、文を完成させなさい。

1. 先生だからといって、何でも＿＿＿＿＿＿＿＿＿＿＿＿＿わけではない。

2. 親が背が高いからといって、子どもも＿＿＿＿＿＿＿＿＿＿＿＿＿わけではない。

3. 石田さんはお酒が＿＿＿＿＿＿＿＿＿＿＿＿＿わけではないが、飲まないようにしているそうだ。

4. 全然＿＿＿＿＿＿＿＿＿＿＿＿＿わけではないのですが、もう一度説明してくださいませんか。

5. 日本人だからといって、みんなが＿＿＿＿＿＿＿＿＿＿＿＿＿＿＿＿＿わけではない。

6. 日本に住んでいるからといって、＿＿＿＿＿＿＿＿＿＿＿＿＿＿＿＿＿わけではない。

7. おなかが空いていたわけではないのに、＿＿＿＿＿＿＿＿＿＿＿＿＿＿＿＿＿。

8. ＿＿＿＿＿＿＿＿＿＿＿からといって、＿＿＿＿＿＿＿＿＿＿＿＿＿＿わけではない。

第13課 文法の練習

📋 例文

① ルワンさんが暑がっているから、エアコンをつけよう。

② 弟は新しいおもちゃをほしがっている。

③ 子どもは野菜を食べたがらない。

👆 使い方

いA<del>い</del>
なA<del>な</del> ➕ がる
Vます<del>たい</del>

三人称の気持ちや感覚を表現する。「がっている」は現在の気持ちを、「がる」は習慣や一般的な傾向を示す。「ほしがる／Ⅴたがる」に接続する目的語には助詞「を」を使う。目上の人が主語の場合は失礼になりうるので使わないほうがよい。

This is used to express a third party's feelings or sensations. がっている is used to convey the person's current feeling, while がる is used to describe a habit or tendency of the person. The particle を is used to connect ほしがる／Ⅴたがる with its object. This expression should not be used for referring to a superior, as it can sound rude in this case.／表示第三人称的想法跟感觉。「がっている」表示现在的心情，「がる」表示习惯或是一般情况下的一些倾向。「ほしがる／Ⅴたがる」接宾语的时候需要用助词「を」。当第三人称是自己的上司或长辈等时，一般不用，因为很可能会给人带来不礼貌的感觉。／Diễn tả cảm xúc, cảm giác của ngôi thứ 3. "がっている" thể hiện cảm xúc hiện tại, "がる" thể hiện thói quen hoặc khuynh hướng thông thường. Sử dụng trợ từ "を" trong từ mục đích đi với "ほしがる／Ⅴたがる". Trường hợp chủ ngữ là người trên mình thì không nên sử dụng vì có thể thất lễ.

確認しよう

「がる」の使い方が正しいものには○、間違っているものには×を書きなさい。

1．（　　　）妹は友達が引っ越してしまうので、さびしがっている。

2．（　　　）私は友達が引っ越してしまうので、さびしがっている。

書いてみよう

＿＿＿＿＿＿に言葉を入れて、文を完成させなさい。

1．村田さんは大きな音が苦手で、雷が鳴るといつも＿＿＿＿＿＿＿＿がる。

2．娘が頭を＿＿＿＿＿＿がっていて心配なので、病院へ連れていくことにした。

3．うちの犬は散歩が好きで、一度散歩に出ると、＿＿＿＿＿＿＿＿＿＿＿＿がらなくて困る。

4．私の恋人は、今度の週末に＿＿＿＿＿＿＿＿＿＿＿＿＿＿＿＿がっている。

5．＿＿＿＿＿＿＿＿さんは、将来＿＿＿＿＿＿＿＿＿＿＿＿＿がっている。

6．ずっとほしがっていた＿＿＿＿＿＿＿＿＿＿＿＿をもらって、娘は嬉しそうだ。

7．子どもが肉を食べたがっていたので、＿＿＿＿＿＿＿＿＿＿＿＿＿＿＿＿＿＿＿＿。

📑 例文

1. 帰る準備をしているところに、上司から仕事を頼まれてしまった。
2. 寝ようとしたところへ、友達から電話がかかってきた。
3. 掃除が終わったところに、泥だらけの子どもたちが帰ってきた。

👆 使い方

| Vる |
| Vた | ＋ ところに ／ ところへ |
| Vている |

「AところにB」で、行為の直前、途中、直後に何かが発生したり変化が起きたりする様子を表す。後件に「来る」「起きる」「～てくる」などがよく使われる。

Used in the pattern AところにB, this indicates that something occurs or changes (B) just before, during, or right after an action (A). Words such as 来る, 起きる, or ～てくる are often used in the phrase that follows it.／「AところにB」这个形式表示，在某个行为开始前，或是在做某事的中途，或是某个行为刚结束时发生了其他事情或是发生了新的变化。后项里面常用「来る」「起きる」「～てくる」等词。／Diễn tả tình trạng điều gì đó phát sinh hay thay đổi xảy ra ngay trước khi, giữa chừng, ngay sau khi hành vi bằng mẫu câu "AところにB". Vế sau thì thường sử dụng "来る(đến)", "起きる(xảy ra)", "～てくる(~ đến)" v.v.

確認しよう

「ところに」の使い方が正しいものには○、間違っているものには×を書きなさい。

1. (　　　) 宿題が終わったところに、友達が家に遊びに来た。
2. (　　　) 宿題が終わったところに、テスト勉強を始めた。

書いてみよう

＿＿＿＿＿＿＿に言葉を入れて、文を完成させなさい。

1. 道を＿＿＿＿＿＿＿＿＿＿ところに、急に先生から声をかけられてびっくりしてしまった。

2. 夕飯が＿＿＿＿＿＿＿＿＿＿＿＿ところに、ちょうど家族が帰ってきた。

3. ＿＿＿＿＿＿＿＿＿＿＿ところに、携帯電話が鳴ってしまって恥ずかしかった。

4. ＿＿＿＿＿＿＿＿＿＿＿ところに、同僚がお菓子をくれて嬉しかった。

5. 仕事を＿＿＿＿＿＿＿＿＿＿ところに、ちょうどスタッフ募集の広告を見つけた。

6. ＿＿＿＿＿＿＿＿＿＿＿＿＿ところへ、話しかけないでください。

7. 洗濯物を干しているところに、＿＿＿＿＿＿＿＿＿＿＿＿＿＿＿＿＿＿＿＿。

8. 家を出るところへ、＿＿＿＿＿＿＿＿＿＿＿＿＿＿＿＿＿＿＿＿＿＿。

第13課 文法の練習

問題1 　読解（内容理解 - 中文 Comprehension - Mid-size passages）

つぎの文章を読んで、質問に答えなさい。答えは、1・2・3・4から最もよいものを一つえらびなさい。

これはケンさんの日記である。

　今日の12時ごろ、ドラマを見ているところへ妹から電話がかかってきた。ドラマの続きが気になるので、後でかけなおすように言おうと思ったが、結局30分も話し続けてしまった。なんと、両親と妹が日本へ遊びに来るというのだ！ 久しぶりに家族に会って話せると思うと、とても嬉しい。

　いつも両親がおいしい日本料理を食べたがっているので、東京で一番有名な寿司屋でごちそうしたいと言ったら、妹は「そんなお金ないくせに」と①笑った。嫌な妹だ。でも、確かに、高級な寿司屋に連れていけるほどのお金があるわけではないので、安くておいしい店を探そうと思う。

　両親と妹は、僕に会うついでに、日本中を旅行する計画をしているそうだ。僕の学校が休みの時期に来るとは言っていたが、アルバイトを休めるかどうかわからない。でも、僕も一緒に旅行したいので、詳しい予定が決まり次第②店長に相談しようと思う。

1 妹から電話がかかってきたとき、ケンさんはどう思ったか。

　　1　ドラマを見ている途中だから、後で話したい。

　　2　これからドラマを見るのだから、後で電話してほしい。

　　3　後で妹に電話をかけようと思っていたから、ちょうどいい。

　　4　久しぶりに家族と話せるのが、とても嬉しい。

2 ①笑ったとあるが、どうして妹は笑ったか。

　　1　ケンさんが、いつも高い料理ばかり食べようとするから

　　2　ケンさんが、両親を安い寿司屋に連れていこうとしたから

　　3　ケンさんが、お金がないのに、両親に高い寿司を食べさせたがったから

　　4　ケンさんが、もう大人なのに、両親に高い寿司を食べさせてもらおうとしたから

3 ②店長に相談しようとあるが、どんな相談か。

　　1　どこへ旅行すればいいかという相談

　　2　旅行のためにアルバイトを休みたいという相談

　　3　旅行代をかせぐためにもっと働きたいという相談

　　4　学校が休みの日に働きたいという相談

つぎの文の（　　　）に入れるのに最もよいものを、1・2・3・4から一つえらびなさい。

1 早く行きたいので、準備が完了（　　　）出発するつもりだ。

　　1　のうちに　　　　2　うちに　　　　　3　の次第　　　　4　次第

2 いつもお風呂に（　　　）ついでに掃除をするようにしている。

　　1　入る　　　　　2　入るの　　　　　3　入れ　　　　　4　入ろう

3 本当は（　　　）くせに、ケンさんは私が好きなホラー映画を一緒に見てくれる。

　　1　怖いの　　　　2　怖くて　　　　　3　怖い　　　　　4　怖く

4 迷子になっている（　　　）雨まで降ってきて、私はとても悲しくなった。

　　1　ところが　　　2　ところに　　　　3　ところから　　4　ところを

5 読みたい本がない（　　　）が、今は時間がないので読むことができない。

　　1　わけではない　　　　　　　　2　わけにはいかない

　　3　ほどではない　　　　　　　　4　べきではない

6 イム　「明日のお祭り、ソンさんは来てくれると思いますか。」

　　ヨウ　「彼はそのお祭りに（　　　）から、誘ったらきっと来てくれますよ。」

　　1　行きたがる　　　　　　　　　2　行きたがっている

　　3　行きたい　　　　　　　　　　4　行ってほしい

7 患者　「検査の結果はまだ出ないんですか。」

　　医者　「結果が（　　　）次第電話しますから、待っていてください。」

　　1　わかると　　　　2　わかって　　　　3　わかる　　　　4　わかり

8 夫　「コンビニへ行ってくるよ。」

　　妻　「じゃあ、外に行く（　　　）、ごみを出してきてくれない？」

　　1　とたんに　　　　2　にともなって　　　3　ついでに　　　4　につれて

つぎの文の ___★___ に入る最もよいものを、1・2・3・4から一つえらびなさい。

1 彼は _____ _____ ___★___ _____ 取った。

1 テストで100点を
2 と言っていた
3 くせに
4 まったく勉強していない

2 今度、 _____ _____ ___★___ _____ だ。

1 つもり
2 友達と夕飯を食べる
3 ついでに
4 出張で東京へ行く

3 学校で英語の _____ _____ ___★___ _____ と思う。

1 授業がある
2 わけではない
3 からといって
4 みんなが上手に話せる

4 ちょうど何を食べようか _____ _____ ___★___ _____ 出かけた。

1 友達からランチに誘われたので
2 迷っている
3 喜んで
4 ところへ

5 私は _____ _____ ___★___ _____ している。

1 飛行機が苦手なので
2 眠るように
3 座り次第
4 飛行機の席に

6 子どもが _____ _____ ___★___ _____ のは疲れる。

1 買いたがって
2 お菓子を
3 一緒にスーパーへ行く
4 うるさいので

7 弟 「お姉ちゃん、僕とゲームしようよ。」

姉 「いつも _____ _____ ___★___ _____ 、やりたいって言わないでよ。」

1 くせに
2 私に
3 泣く
4 負けて

8 新井 「どうやって今の仕事を見つけたんですか。」

福田 「前の会社が _____ _____ ___★___ _____ 声をかけてもらったんです。」

1 ところに
2 倒産して
3 今の会社の社長から
4 困っていた

まず質問を聞いてください。それから話を聞いて、問題用紙の1から4の中から、最もよいものを一つえらんでください。

🎵 N3-85

　　1　ゴミひろいをする

　　2　バーベキューをする

　　3　ケンさんをさそう

　　4　ノートをかえす

まず文を聞いてください。それから、そのへんじを聞いて、1から3の中から、最もよいものを一つえらんでください。

1	🎵 N3-86	1	2	3
2	🎵 N3-87	1	2	3
3	🎵 N3-88	1	2	3
4	🎵 N3-89	1	2	3
5	🎵 N3-90	1	2	3
6	🎵 N3-91	1	2	3

第14課

単語 文法の練習に出てくる難しい単語の意味を確認しましょう。

名詞

☐ 赤字	deficit, being in the red	赤字	lỗ
☐ 運	luck	运气	vận may
☐ 液体	fluids	液体	chất lỏng
☐ 観客	audience	观众	quan khách
☐ 観光ガイド	tourist guide	导游	hướng dẫn viên du lịch
☐ 休暇	vacation	休假	kỳ nghỉ phép
☐ 原価	cost price	成本价	giá gốc
☐ 国際線	international route/service	国际航线	tuyến quốc tế
☐ 実家	parents' home	出生长大的家	nhà bố mẹ ruột
☐ 信号無視	ignoring/running a red light	无视红绿灯	việc phớt lờ đèn giao thông
☐ 素材	materials	材料	vật liệu
☐ 拍手	applause	鼓掌	vỗ tay
☐ パック	carton	盒子	vỏ hộp
☐ 風景	scenery	风景	phong cảnh
☐ 向こう岸	other bank/side	对岸	bờ bên kia
☐ 目標	goal	目标	mục tiêu
☐ 有給休暇	paid vacation	带薪休假	nghỉ phép có lương

い形容詞

☐ 貧しい	poor	贫困的	nghèo, nghèo đói

動詞

☐ 選択（する）	selection; select	选择	sự chọn lựa; chọn lựa
☐ 耐える	endure, withstand	忍耐，忍受	chịu đựng
☐ 達成（する）	achievement; achieve	达成	sự đạt được; đạt được
☐ 分ける	share	分，分开	chia

第14課

単語

📑 例文

1. 明日バーベキューをするかどうかは、天気次第だ。
2. 今日の会議での決定次第で、会社の将来が変わる。
3. 使われている素材次第で、服の値段は大きく変わる。

👆 使い方

N ➕ 次第だ
　　 次第で

「AはB次第だ」の形で、AがBに対応して変化／決定するということを表す。「B次第で〜」の形で使うこともあり、〜には「決まる」「変わる」「わかる」といった意味の言葉が入る。

Used in the pattern AはB次第だ, this expresses that A will change or be decided depending on B. It also used in the pattern B次第で〜, where 〜 takes words like 決まる, 変わる, or わかる. ／「AはB次第だ」这个形式表示，事情A要根据事情B来变化或来决定。有时也用「B次第で〜」这个形式，〜这里往往用表示「決まる」「変わる」「わかる」意思的词汇。／Diễn tả A sẽ thay đổi / quyết định ứng với B bằng mẫu câu "AはB次第だ". Cũng có khi sử dụng với mẫu câu "B次第で〜". Trong 〜 là từ có nghĩa "決まる (quyết định)", "変わる (thay đổi)", "わかる (hiểu)".

確認しよう

正しいほうを選びなさい。

1. この野菜は苦いけれど、料理の仕方（　次第で　・　次第　）、とてもおいしく食べられる。
2. 休暇中に（　したいこと　・　したいです　）次第で、旅行の行き先を決めよう。

書いてみよう

＿＿＿＿＿＿＿＿＿＿に言葉を入れて、文を完成させなさい。

1. どの車を買うかは、＿＿＿＿＿＿＿＿＿＿次第で決めようと思う。

2. 山田　「今日はどのレストランへ行くんですか。」

　　井原　「山田さんの＿＿＿＿＿＿＿＿＿＿＿＿＿＿次第ですよ。」

3. 行きたい大学に入れるかどうかは、この、＿＿＿＿＿＿＿＿次第なので、頑張ってください。

4. ＿＿＿＿＿＿＿＿＿＿＿＿＿＿＿＿＿＿＿次第では、今週中に桜が咲くかもしれません。

5. 子どもがどう成長するかは、＿＿＿＿＿＿＿＿＿＿＿＿＿＿＿＿次第だと思う。

6. ＿＿＿＿＿＿＿＿＿＿＿＿＿＿＿＿＿＿＿＿は、運次第だ。

7. 明日の体調次第では、＿＿＿＿＿＿＿＿＿＿＿＿＿＿＿＿＿＿＿＿＿＿＿＿かもしれません。

📄 例文

① 彼はマラソン大会で 42.195 キロメートルを走り**きった**。
② 飲み**きった**牛乳のパックを冷蔵庫に戻さないでください。
③ 彼女は仕事で疲れ**きって**いる。

👆 使い方

| Vます ➕ きる |

最後まで〜する、〜終わるということを表す（①②）。また、「疲れる」「困る」などの動詞と接続し、とても〜だ、非常に〜の状態になるという意味で使うこともある（③）。

This expresses that an action ends or is fully completed (①②). It can also be attached to verbs like 疲れる or 困る to express "very" or "extremely" regarding the state indicated by the verb (③). ／表示做某件事一直做到最后的意思（①②）。另外，当用在「疲れる」「困る」这一类动词上时，往往表示"很…""非常…"这样的一种状态（③）。／Diễn tả việc sẽ làm ~ đến cuối cùng, ~ xong, như câu (①②). Ngoài ra, cũng có khi sử dụng với ý nghĩa rất ~, trở nên tình trạng vô cùng ~ bằng cách đi sau động từ "疲れる(mệt mỏi)", "困る (rắc rối)", như câu (③).

確認しよう

正しいほうを選びなさい。
1. 川の向こう岸まで（ 泳ぐ ・ 泳ぎ ）きる。
2. （ おなかが空いていたので ・ おなががいっぱいなので ）、すぐにお弁当を食べきった。

書いてみよう

＿＿＿＿＿＿に言葉を入れて、文を完成させなさい。

1. うちにある本は＿＿＿＿＿＿＿きってしまったので、新しい本がほしい。

2. パーティーでは、＿＿＿＿＿＿＿きれないほどの料理が出た。

3. このケーキ屋は原価が高く、1日100個を＿＿＿＿＿＿きらないと、店が赤字になってしまう。

4. 歌手が有名な歌を＿＿＿＿＿＿きると、観客から拍手がわいた。

5. この会社では、1年以内に有給休暇を＿＿＿＿＿＿きらなければならない。

6. 少し見ない間に、＿＿＿＿＿＿＿＿＿＿＿＿＿＿は変わりきってしまった。

7. ＿＿＿＿＿＿＿＿＿。それに、＿＿＿＿＿＿＿＿＿＿＿ので、困りきっている。

8. ＿＿＿＿＿＿＿＿＿と思ったが、＿＿＿＿＿＿＿＿＿きることができた。

📋 例文

1. 風邪気味なので薬を飲んだ。
2. 周りの友達の就職が決まりだして、自分も頑張らなければと焦り気味だ。
3. 子どもの世話に時間を取られ気味で、最近は趣味の時間を持てていない。

👆 使い方

V ます ／ N ＋ 気味

少し～という感じがするということを表す。よくない状況に使うことが多い。接続できる言葉が限られているので注意が必要である。（×熱気味 ×病気気味）。

This is used to express that something slightly seems to be in or is tending toward a certain state. It is often used for undesirable situations. Note that only a limited number of words can be attached to it. ／表示感觉有点…的意思。往往用在一些不太好的情况上，而且搭配使用的词汇往往都是固定的，这里需要特别注意。／Diễn tả việc cảm thấy ~ một chút. Thường sử dụng khi tình trạng không tốt. Cần lưu ý vì chỉ giới hạn ở các từ có thể tiếp nối.

確認しよう

正しいほうを選びなさい。
1. 睡眠時間が（ 不足 ・ 不足の ）気味だと、昼間に眠くなってしまう。
2. 最近（ 太った ・ 太り ）気味だから、ダイエットしようと思う。

書いてみよう

_____に言葉を入れて、文を完成させなさい。

1. 仕事が忙しくて、_____気味だ。

2. カレーを作りすぎて毎日食べているので、_____気味だ。そろそろ違う料理が食べたい。

3. 仕事が遅れ気味なので、_____。

4. 成績が_____気味なので、先生が心配して声をかけてくれた。

5. さくらさんは最近機嫌が悪いようで、_____気味だ。

6. レイア 「どうして今日遊びに行かないの？」

　　カレン 「_____気味で体調が悪いから、今日は家でゆっくりしたいんだ。」

7. ピアノの発表会の前、緊張気味の娘に「_____」と声をかけた。

82 ぬく

📄 例文

① マラソンは大変だったが、最後まで走りぬいた。

② 全ての試合を勝ちぬいたチームが優勝する。

③ 進学せずに帰国するという選択は、考えぬいて出した答えです。

👆 使い方

Ｖます ➕ ぬく　　大変なことを努力して最後まで～するということを表す。「考える」「悩む」「困る」「知る」などの動詞に接続し、徹底的に／完全に～するという意味で使うこともある（③）。

This expresses that a certain action is taken to completion after much effort. It can also be joined with verbs like 考える, 悩む, 困る, or 知る to indicate that the act was done thoroughly or fully (③). ／表示一件很辛苦很费力的事情通过努力最终完成此动作。有时也用在「考える」「悩む」「困る」「知る」这一类动词上，表示这个动作"彻底地""完全地"进行了的意思（③）。／Diễn tả việc nỗ lực vất vả để làm ~ đến tận cùng. Cũng có khi đi sau các động từ "考える (suy nghĩ)", "悩む (trăn trở)", "困る (lúng túng, khó khăn)", "知る (biết)" với ý nghĩa làm ~ triệt để / hoàn thiện, như câu (③).

確認しよう

「ぬく」の使い方が正しいものには○、間違っているものには×を書きなさい。

1．（　　　　）弁護士になるための難しい試験に向けて、できることは全てやりぬいて、合格した。

2．（　　　　）今日の授業では簡単なテストをやりぬいた。

書いてみよう

＿＿＿＿＿＿＿に言葉を入れて、文を完成させなさい。

1．目標達成のために、＿＿＿＿＿＿＿ぬいた。

2．大切な人を＿＿＿＿＿＿＿ぬく強さがほしい。

3．私の祖母は戦争の後の貧しい時代を＿＿＿＿＿＿＿ぬいた。

4．＿＿＿＿＿＿＿ぬいて出した結論なので、何があっても変えないつもりだ。

5．一度決心して始めたことは、あきらめないで＿＿＿＿＿＿＿ぬきたい。

6．両親は私が生まれる前、＿＿＿＿＿＿＿ぬいて名前を決めてくれたそうだ。

7．観光ガイドのフィンさんは、＿＿＿＿＿＿＿のいいところも悪いところも知りぬいている。

8．＿＿＿＿＿＿＿＿＿は、厳しい練習を耐えぬいてきた人たちだ。

📑 例文

1 この作文は書きかけなので、まだ提出できません。
2 飲みかけのコーヒーがテーブルに置いてある。
3 何回もやってみるうちに、いつも失敗してしまう理由がわかりかけてきた。

👆 使い方

Vます ⊕ かけ 　　　　　かける 　　　　　かけの N	途中まで～して、中断している／その先に進んでいないということを表す（1 2）。何かをしそうになるという意味で使うこともある（3）。

This expresses that the action was interrupted or has yet to be completed (1 2). It can also be used to indicate that the subject is on the verge of something (3).／表示事情做到中途一半没有做完的意思（1 2）。也有好像就要做成某事的意思（3）。／Diễn tả việc làm ~ đến giữa chừng thì ngừng / không tiến lên trước, như câu (1 2). Cũng có khi sử dụng với ý nghĩa gần / sắp làm điều gì đó, như câu (3).

確認しよう

正しいほうを選びなさい。
1.（　使い　・　使う　）かけの牛乳があるから、新しいのはまだ開けないでください。
2.新しい靴を買いかけて、（　お金を全部使ってしまった　・　やっぱりやめた　）。

書いてみよう

＿＿＿＿＿＿＿＿＿＿に言葉を入れて、文を完成させなさい。

1.サエ　「そのピザおいしそうだね！」

　　コウキ　「ぼくの＿＿＿＿＿＿＿＿＿＿かけでよかったら、分けてあげようか？」

2.うちには＿＿＿＿＿＿＿＿＿＿かけの本が何冊もある。

3.病気が＿＿＿＿＿＿＿＿＿＿かけのときは、無理しないほうがいい。

4.道を歩いていたら、信号無視の車が走ってきて事故に＿＿＿＿＿＿＿＿＿＿＿＿＿＿かけた。

5.テストで答えを＿＿＿＿＿＿＿＿＿＿かけたが、間違いに気がついて直すことができた。

6.眠りかけているところに、大きな音がして＿＿＿＿＿＿＿＿＿＿＿＿＿＿＿＿。

7.パソコンの操作を間違えて、完成しかけたレポートを＿＿＿＿＿＿＿＿＿＿＿＿＿＿＿＿。

📝 例文

1. 食べ物を口に入れた**まま**話さないでください。
2. 両親にはいつまでも元気な**まま**でいてほしい。
3. 開けた**まま**の窓から泥棒に入られてしまった。

👆 使い方

| Vた |
| いА い |　➕ まま
| なА な |
| N の |

「АままВ」の形で、Аという状態を変えないでВするということを表す（1）。また、「А まま」の形で、Аの状態が変わらないということを表す（2 3）。「そのまま」という表現 もよく使う。

Used in the pattern АままВ, this indicates that state A remains unchanged when B is performed (1). When used in the pattern Аまま, it simply expresses that state A remains unchanged (2 3). The expression そのまま is also often used for this purpose. ／「АままВ」这个形式表示不改变事情A的状态而做 事情B的意思（1）。另外,「Аまま」这个形式表示事情A的状态不发生变化（2 3）。「そのま ま」这个表达也经 常使用。／Diễn tả việc làm B mà không thay đổi tình trạng A bằng mẫu câu "АままВ", như câu (1). Ngoài ra, diễn tả việc tình trạng A không thay đổi bằng hình thức "А まま", như câu (2 3). Cách diễn đạt "そのま ま(cứ như thế)" cũng thường được sử dụng.

確認しよう

正しいほうを選びなさい。

1. この店では車に（ 乗る ・ 乗った ）まま、ハンバーガーが買える。
2. 実家の私の部屋は、私が家を出たとき（ に ・ の ）ままだ。

書いてみよう

＿＿＿＿＿＿に言葉を入れて、文を完成させなさい。

1. 100ミリリットル以上の液体やナイフを＿＿＿＿＿＿まま、国際線の飛行機に乗ることはできない。

2. 風景を描くときは細かいことを考えないで、自分の目で＿＿＿＿＿＿ままを描けばいいんですよ。

3. シャワー中に玄関のベルが鳴った。＿＿＿＿＿＿ままでは出られないので、無視してしまった。

4. 彼には責任感が欠けている。気持ちは＿＿＿＿＿＿まま社会人になってしまったようだ。

5. 飲食店のアルバイトですから、爪が＿＿＿＿＿＿ままでアルバイトに来ないでください。

6. この女優はもう60歳を過ぎているが、若い頃と変わらず＿＿＿＿＿＿ままだ。

7. 掃除をするようにルームメートに言ったのに、まだ＿＿＿＿＿＿ままだ。

8. ＿＿＿＿＿＿ままで寝てしまったので、＿＿＿＿＿＿。

第14課 文法の練習

まとめの練習

問題1　読解（内容理解 - 短文 Comprehension - Short passages）

つぎの(1)と(2)の文章を読んで、質問に答えなさい。答えは、1・2・3・4から最もよいものを一つえらびなさい。

(1)

これはケンさんの日記である。

> 今日、来年開催される東京マラソンに申し込んだ。マラソンは高校生のとき以来だから、走りきれるか不安でずっと悩んでいた。さくらに相談したら、「走りきれるかどうかは、努力次第だよ。」と言われたので、思い切って参加することにした。
> 長い距離を走るには体力が必要だから、明日から毎朝ジョギングをするつもりだ。

1　悩んでいたとあるがどうしてか。

1　マラソンをしたことがなかったから
2　さくらさんが応援してくれなかったから
3　マラソンの練習をしたくなかったから
4　最後まで走れる自信がなかったから

(2)

これはケンさんの日記である。

> 東京マラソンが終わった。実は、2週間ぐらいずっと風邪気味だったので、今日参加できるかどうか不安だった。でも、今朝起きたらすっかり回復して、無事に参加することができた。
>
> 走っている間は、辛くて何度もあきらめかけた。でも、そのたびに応援してくれている家族や友人の顔が浮かんだ。「このままあきらめたくない！ 走りぬくぞ！」と思って頑張った。ゴールしたときは感動して涙が出てきた。

1 ケンさんは今日の東京マラソンについてどう思っているか。
1 風邪をひいていても、あきらめないで参加することができて、よかった。
2 大変で、みんなの応援がなければ、あきらめてしまっていたかもしれない。
3 距離が長すぎて、最後まで走れなかったので、くやしい。
4 友達と一緒に最後まで走ることができて、嬉しい。

東京マラソンのランナー

つぎの文の（　　　）に入れるのに最もよいものを、1・2・3・4から一つえらびなさい。

[1] 彼は妻のことを一生（　　　）ぬこうと心に決めた。

1　愛する　　　　　　2　愛し　　　　　　3　愛して　　　　　　4　愛そう

[2] 何を書けばいいかわからなくて、両親への手紙を（　　　）やめてしまった。

1　書きかけて　　　　2　書き終わって　　3　書くついでに　　4　書くかわりに

[3] 明日サッカーの試合をするかどうかは（　　　）次第だ。

1　天気に　　　　　　2　天気が　　　　　3　天気の　　　　　4　天気

[4] シャンプーを全部（　　　）から、新しいのを買ってきてください。

1　使うわけがない　　　　　　　　　2　使ってばかりいる

3　使い始めた　　　　　　　　　　4　使いきった

[5] 最近（　　　）気味で、授業中に眠くなってしまう。

1　疲れた　　　　　　2　疲れて　　　　　3　疲れ　　　　　　4　疲れる

[6] 社員　「今日はもう会議室を使いませんか。」
　　課長　「いえ、すぐまた使うから、鍵を（　　　）ままにしておいてください。」

1　閉まった　　　　　2　開けた　　　　　3　開く　　　　　　4　閉める

[7] レポーター　　「今日の試合はいかがでしたか。」
　　スポーツ選手　「全ての力を（　　　）きることができたと思います。」

1　出して　　　　　　2　出した　　　　　3　出し　　　　　　4　出す

[8] 野沢　「あれ? 体調悪そうだね。」
　　木村　「うん、ちょっと貧血（　　　）なんだ……。」

1　っぽい　　　　　　2　気味　　　　　　3　がち　　　　　　4　らしい

つぎの文の＿★＿に入る最もよいものを、1・2・3・4から一つえらびなさい。

1 机の上に ＿＿＿＿ ＿＿＿＿ ＿★＿ ＿＿＿＿ が、誰のですか。
    1 置いて   2 あります   3 お茶が   4 飲みかけの

2 この頃 ＿＿＿＿ ＿＿＿＿ ＿★＿ ＿＿＿＿ 今日は早く帰りたい。
    1 遅くて   2 不足気味なので
    3 睡眠時間が   4 帰るのが

3 国の習慣で ＿＿＿＿ ＿＿＿＿ ＿★＿ ＿＿＿＿ 怒られた。
    1 靴をはいた   2 しまい   3 日本人の家に入って   4 まま

4 これは私が ＿＿＿＿ ＿＿＿＿ ＿★＿ ＿＿＿＿ 変えません。
    1 考えぬいて   2 答えなので
    3 出した   4 誰が何を言っても

5 この ＿＿＿＿ ＿＿＿＿ ＿★＿ ＿＿＿＿ 緊張しないわけがない。
    1 留学できるかどうか   2 テストの結果
    3 決まるのだから   4 次第で

6 旅行中に ＿＿＿＿ ＿＿＿＿ ＿★＿ ＿＿＿＿ 買いたい。
    1 持ってきた本は   2 新しい本が
    3 読みきってしまったので   4 読もうと思って

7 携帯電話を ＿★＿ ＿＿＿＿ ＿＿＿＿ ＿＿＿＿ と思う。
    1 壊してしまったが   2 値段次第では
    3 新しいのを買おう   4 落として

8 東野 「あれ？ ここにあったお弁当、捨てちゃった？」
    前田 「ううん。まだ ＿＿＿＿ ＿＿＿＿ ＿★＿ ＿＿＿＿ よ。」
    1 ようだったから   2 食べかけの
    3 入れておいた   4 冷蔵庫に

まず質問を聞いてください。それから話を聞いて、問題用紙の1から4の中から、最もよいものを一つえらんでください。

♪ N3-92

1　パソコンを閉じる

2　プレゼンをする

3　課長にしりょうを見せる

4　しりょうが1ページに入るようにする

問題5　聴解（即時応答　Quick response）

まず文を聞いてください。それから、そのへんじを聞いて、1から3の中から、最もよいものを一つえらんでください。

1	♪ N3-93	1	2	3
2	♪ N3-94	1	2	3
3	♪ N3-95	1	2	3
4	♪ N3-96	1	2	3
5	♪ N3-97	1	2	3
6	♪ N3-98	1	2	3

文法さくいん

文法からひろげる
日本語トレーニング

文法
バディ
Buddy

JLPT|N3
日本語能力試験
Grammar Buddy for the Japanese-Language
Proficiency Test N3

解答／聴解スクリプト

the japan
times
PUBLISHING

確認しよう ● 解答

第1課

1 つもり (p.16)
1．する
2．書いた

2 うちに (p.17)
1．忘れない
2．を聞いている

3 ために (p.18)
1．合格する
2．事故の

4 べき (p.19)
1．公平である
2．努力す

5 とともに (p.20)
1．自然
2．進む

6 といっても (p.21)
1．中古車
2．挨拶だけです

第2課

7 てからでないと (p.28)
1．読んでから
2．決まってからでなければ

8 ことにする (p.29)
1．寝る
2．休む

9 てくる (p.30)
1．なって
2．きた

10 ていく (p.31)
1．頑張って
2．いきます

11 にしたがって (p.32)
1．怖くなってきた
2．規則

12 について (p.33)
1．についての
2．について

第3課

13 ようとする (p.40)
1．帰ろう
2．しない

14 において (p.41)
1．に
2．彼の発言が問題になっている

15 おかげ (p.42)
1．の
2．できた

16 という (p.43)
1．医者
2．親切だ

17 につれて (p.44)
1．近づく
2．大人になる

18 に関して (p.45)
1．に関する
2．に関する

第4課

19 せい (p.52)
1．台風の
2．下手な

20 にとって (p.53)
1．は
2．難しい

21 わけがない (p.54)
1．合格する
2．話せない

22 によって (p.55)
1．によって
2．による

23 ～ほど…はない (p.56)
1．いない
2．寝ているとき

24 ようだ (p.57)
1．冬の
2．ように

第5課

25 っぽい (p.64)
1．大人
2．飽き

26 からといって (p.65)
1．買ってはいけません
2．からといって

27 とは限らない (p.66)
1．いいとは限らない
2．上がる

28 わけだ (p.67)
1．休んだ
2．はず

29 てほしい (p.68)
1．会って
2．行きたい

30 くらいなら (p.69)
1．ゆうれい
2．捨てる／売った

第6課

31 わけにはいかない (p.76)
1．×
2．○

32 として (p.77)
1．として
2．として

33 ～から…にかけて (p.78)
1．まで
2．にかけて

34 はもちろん (p.79)
1．日本語／日本文化
2．覚えるの

35 間 (p.80)
1．寝ている
2．間

36 一方 (p.81)
1．一方
2．忘れてはいけない

3

4

56 だらけ (p.125)

1. ×
2. ○

57 をもとに (p.126)

1. もとに
2. 映画を作った

58 ばかり (p.127)

1. 若者
2. 泣いて

59 を中心に (p.128)

1. ×
2. ○

60 といえば (p.129)

1. といえば
2. 沖縄

第11課

61 がち (p.136)

1. し
2. 遅くなり

62 ずに (p.137)

1. 言わ
2. 残念だった

63 とたん (p.138)

1. ○
2. ×

64 最中 (p.139)

1. 通勤の
2. 見ている

65 ばかりに (p.140)

1. 買った
2. 試合に負けてしまった

66 づらい (p.141)

1. ○
2. ×

第12課

67 のではないだろうか (p.148)

1. 幸せな
2. 見つからない

68 ことはない (p.149)

1. 落ち込む
2. ほら、涙を拭いて

69 に応じて (p.150)

1. に
2. 変わる

70 に比べて (p.151)

1. 低い
2. 私／彼

71 ことから (p.152)

1. こと
2. 鳥である

72 ～さえ…ば (p.153)

1. すれば
2. 降らなければ

第13課

73 ついでに (p.160)

1. の
2. ついでに

74 次第 (p.161)

1. でき
2. 終わり

75 **くせに** (p.162)

1．×

2．○

76 **わけではない** (p.163)

1．得意な

2．雨が降らない

78 **がる** (p.164)

1．○

2．×

79 **ところに** (p.165)

1．○

2．×

第14課

79 **次第だ** (p.172)

1．次第で

2．したいこと

80 **きる** (p.173)

1．泳ぎ

2．おなかが空いていたので

81 **気味** (p.174)

1．不足

2．太り

82 **ぬく** (p.175)

1．○

2．×

83 **かけ** (p.176)

1．使い

2．やっぱりやめた

84 **まま** (p.177)

1．乗った

2．の

第1課

問題1 (pp.22-23)

(1) |1| 2 (2) |1| 4

問題2 (p.24)

|1| 2　|2| 3　|3| 2　|4| 2　|5| 2

|6| 2　|7| 2　|8| 3

問題3 (p.25)

|1| 2　|2| 4　|3| 1　|4| 4　|5| 1

|6| 4　|7| 2　|8| 3

問題4 (p.26)

♪ N3-1　答え　4

台所で女の人と男の人が話しています。女の人はまず何をしますか。

女：あれ？　いい匂い。あ、スープ作ってくれたんだ！

男：いつも京子に料理をしてもらっているから、たまには僕も料理をするべきだと思って。作ったといっても、冷蔵庫に余っていた野菜で作っただけだよ。

女：え、そうなの？　すごくおいしそうだ。写真撮ってもいい？

男：いいけど、テーブルで撮ったほうがいいんじゃない？

女：そうだね、わかった。

男：じゃ、テーブルの上、片付けてもらっていい？　スープを持っていくから。

女：了解。

男：せっかく京子のために作ったんだから、冷めないうちに食べてね。

女：わかってるって。写真は1枚しか撮らないよ。

女の人はまず何をしますか。

問題5 (p.26)

1 ♪ N3-2　答え　2

女：リンさん、レポートに名前が書いてありませんでしたよ。出す前にちゃんと確認してくださいね。

男：1　えっ、書くはずがありませんけど。

　　2　えっ、書いたつもりでしたが……。

　　3　えっ、書くべきではありませんでした。

2 ♪ N3-3　答え　1

男：こんなところで寝ていると、風邪ひくよ。

女：1　あ、テレビを見ているうちに寝ちゃったよ。

　　2　あ、どんなところで寝ていたの？

　　3　そうだよ、気をつけているからね。

3 ♪ N3-4　答え　3

女：スレスさんは、健康のために何かしていますか。

男：1　ええ、よく知っていますよ。

　　2　健康な人はいいですね。

　　3　毎朝走っています。

4 ♪ N3-5　答え　1

女：ねえ、学生はもっと本を読むべきだと思わない？

男：1　うん。読んだほうがいいと思うよ。

　　2　うん。読まなくてもいいと思うよ。

　　3　ううん。読まなければならないと思うよ。

5 ♪ N3-6　答え　2

男：お休みのご予定は？

女：1　いいえ、休んでいませんよ。

　　2　家族とともにのんびりするつもりです。

　　3　どちらに行かれたんですか。

6 ♪ N3-7　答え　3

女：聞いた(き)よ！　家(いえ)を買(か)ったんだって？

男：1　うん、家(いえ)を買(か)うために貯金(ちょきん)しているからね。

　　2　うん、買(か)うつもりだったって聞(き)いているよ。

　　3　買(か)ったといっても、山(やま)の中(なか)の小(ちい)さい家(いえ)だよ。

第2課

問題1 (pp.34-35)

⑴ | 1 | 4 | ⑵ | 1 | 1 |

問題2 (p.36)

| 1 | 3 | 2 | 2 | 3 | 4 | 4 | 1 | 5 | 3 |
| 6 | 2 | 7 | 4 | 8 | 2 |

問題3 (p.37)

| 1 | 1 | 2 | 3 | 3 | 4 | 4 | 3 | 5 | 2 |
| 6 | 2 | 7 | 3 | 8 | 4 |

問題4 (p.38)

♪ N3-8　答え　2

学校(がっこう)で男(おとこ)の学生(がくせい)と女(おんな)の学生(がくせい)が話(はな)しています。女(おんな)の学生(がくせい)はどうして店(みせ)が予約(よやく)できないと言(い)っていますか。

男：ねえ、試験(しけん)が終(お)わったらクラスのみんなでご飯(はん)を食(た)べに行(い)くよね。

女：うん。本当(ほんとう)はアルバイトがあったんだけど、変(か)わってもらえたから行(い)くことにしたよ。

男：やった！　そろそろ店(みせ)、予約(よやく)したほうがいいと思(おも)わない？

女：そうだね。でも、人数(にんずう)がある程度(ていど)わかってからじゃないと、予約(よやく)はできないんじゃない？

男：そっか。じゃあ、先(さき)にみんなに行(い)きたい店(みせ)があるかどうか聞(き)いてみない？　それにしたがって店(みせ)探(さが)しておこうよ。

女：いいね。何(なに)かおいしいもの食(た)べたいね。

男：あー、なんだかもう、おなか空(す)いてきちゃったよ。

女：ははは。じゃ、授業(じゅぎょう)のあとで店(みせ)について相談(そうだん)しよう。

女(おんな)の学生(がくせい)はどうして店(みせ)が予約(よやく)できないと言(い)っていますか。

問題5 (p.38)

1 ♪ N3-9　答え　3

男：ねえ、来週(らいしゅう)の研究発表会(けんきゅうはっぴょうかい)で何(なに)を話(はな)すことにしたの？

女：1　発表会(はっぴょうかい)で話(はな)すのは来週(らいしゅう)だよ。

　　2　何(なに)を話(はな)していたのかわからないよ。

　　3　ごみ問題(もんだい)についてだよ。

2 ♪ N3-10　答え　1

女：仕事(しごと)の予定(よてい)は、先輩(せんぱい)の指示(しじ)にしたがって決(き)めてください。

男：1　はい、そうします。

　　2　はい、したがわせます。

　　3　いいえ、指示(しじ)しません。

3 ♪ N3-11　答え　1

男：あれれ。急(きゅう)におなかが痛(いた)くなってきちゃったよ。

女：1　だからさっき、食(た)べすぎだって言(い)ったでしょ。

　　2　あとでおなかが痛(いた)くなっても知(し)らないよ。

　　3　じゃ、遠慮(えんりょ)しないでいただきます。

4 ♪ N3-12　答え　1

男：5年(ねん)付(つ)き合(あ)った恋人(こいびと)にプロポーズすることにしたよ。

女：1　おー、やっと決心(けっしん)したんだね。

　　2　へー、彼女(かのじょ)驚(おどろ)いたんじゃない？

　　3　えー、そんなこと言(い)ったの？

5 ♪ N3-13　答え　2

女：どうしてインターネットで買い物しないの？

男：1　売り切れる前に買わないとね。

　　2　実際に見てからじゃないと心配で。

　　3　インターネットでしか買えないんだよ。

6 ♪ N3-14　答え　3

男：なかなか日本語が話せるようにならないんだよ。

女：1　そんなに下手になってしまったの？

　　2　やっと上手にできるようになったんだ。

　　3　毎日練習したら上手になっていくよ。

第3課

問題1 (pp.46-47)

⑴ 1 4 ⑵ 1 4

問題2 (p.48)

1	4	2	3	3	2	4	4	5	2
6	4	7	1	8	2				

問題3 (p.49)

1	4	2	4	3	2	4	3	5	1
6	1	7	4	8	1				

問題4 (p.50)

♪ N3-15　答え　3

ラジオで女の人が話しています。

女：えー、発展途上国の中には、長い間、十分な仕事もなかったり、十分な賃金が支払われなかったりという状況が続いている国があります。このような国において、外国で働こうとする若者が増えているということは皆さんご存じだと思います。一方、日本においては、労働力不足の状況が進むにつれて、外国人労働者が増えています。彼らのおかげで、飲食店やホテルなど、多くの人手不足の産業が助

けられています。私たちは日本の現在の労働力不足に関して、今後どのように向き合っていかなければならないのか、よく考える必要があります。

女の人は何について話していますか。

1　日本で働く外国人の出身国

2　日本の若者が海外へ行くきっかけ

3　発展途上国と日本の社会の問題

4　外国人労働者が不足している理由

問題5 (p.50)

1 ♪ N3-16　答え　2

女：明日のバーベキューですが、集合場所は決まりましたか。

男：1　ええ、集合してからみんなで一緒に行きましたよ。

　　2　ええ、海浜公園前という駅の改札になりましたよ。

　　3　ええ、今回はバーベキューをすることにしたんですよ。

2 ♪ N3-17　答え　3

男：警察に昨日の事故に関していろいろ聞かれちゃったよ。

女：1　そんなに質問したら迷惑でしょう？

　　2　警察に事故の原因について聞いてきたんだね。

　　3　あの事故には何の関係もないのに、大変だったね。

3 ♪ N3-18　答え　1

女：すみません、N3の試験はどこで行われますか。

男：1　今回はいろは大学において行われるそうですよ。

　　2　今回はN3を受けることにしたんですよ。

　　3　今回の試験は申し込みましたよ。

男：実は友達が紹介してくれたおかげで、恋人が
　　できたんです。

女：1　それは悪いことじゃないよ。元気出して。
　　2　それは大変だったね。また頑張って。
　　3　それはよかったね。おめでとう。

5 ♪ N3-20　答え　2

女：日本の生活が長くなるにつれて、何か変わり
　　ましたか。

男：1　はい、日本は昔から自然が美しい国です。
　　2　はい、日本人の考え方がわかってきまし
　　　た。
　　3　はい、日本は働く時間が長いです。

6 ♪ N3-21　答え　3

男：今、僕のケーキ食べようとしてたでしょう。

女：1　食べてみたらおいしかったよ。
　　2　そんなに食べたいなら一口あげるよ。
　　3　ちょっと見てただけだよ。

第4課

問題1 (pp.58-59)

(1) 1 4　(2) 1 4

問題2 (p.60)

1	1	2	2	3	2	4	4	5	4
6	3	7	4	8	3				

問題3 (p.61)

1	2	2	1	3	2	4	1	5	2
6	4	7	1	8	1				

問題4 (p.62)

♪ N3-22　答え　1

教室で男の学生と女の学生が話しています。女の
学生はどうして昨日宿題ができませんでしたか。

男：あれ？　セイセイ、今宿題してるの？　あと10
　　分で先生来ちゃうよ。

女：昨日、アルバイトで疲れて、すぐ寝ちゃった
　　んだよ。そのせいで宿題ができなくて……。
　　ルイは全部終わったの？

男：うん。問題によっては、調べないとわからな
　　いものもあって難しかったよ。

女：あー、こんなにたくさんの宿題、終わるわ
　　けがないよ。どうしよう。あー、また先生に
　　「学生にとって宿題はとても大事ですよ！」っ
　　て叱られちゃうよ。

男：先生が怒ると鬼のようだからね。

女：どうしよう。時間が足りない、終わらない！

男：ははは。セイセイが焦ってるのを見ることほ
　　どおもしろいことはないな。

女：もう、意地悪だな。

男：ははは、冗談だよ。手伝ってあげたいけど、
　　先生がいつも自分でやらないと意味がないっ
　　て言ってるからね。頑張って。

女の学生はどうして昨日宿題ができませんでした
か。

問題5 (p.62)

1 ♪ N3-23　答え　1

女：考え方によっては、それはチャンスかもしれ
　　ないよ。

男：1　そうかな。じゃ、頑張るよ。
　　2　うん、チャンスはもらえなかったんだ。
　　3　もちろん、チャンスにはならなかったよ。

2 ♪ N3-24　答え　3

男：ねえ、その壊れているペン、どうして捨てな
　　いの？

女：1　壊さないように大事に使っているんだ。
　　2　もう使えなくなったから捨てたんだよ。
　　3　これは私にとって大事なものなんだ。

3 ♪ N3-25　答え　2

男：また納豆を食べているの？

女：1 えっ、まだ食べたことがないと思うよ。
　　2 だって、納豆ほど安くて体にいい食べ物
　　　 はないでしょう？
　　3 うん、なかなか食べられないはずだけど。

4 ♪ N3-26　答え　2
男：君がしっかり教えてくれないから失敗したん
　　だ。
女：1 成功したならちゃんと教えてよ。
　　2 人のせいにしないでよ。
　　3 これからはまじめに覚えるよ。

5 ♪ N3-27　答え　2
女：あの二人はいつも一緒にいるよね。
男：1 うん、最近別れたそうだよ。
　　2 うん、まるで兄弟のようだね。
　　3 うん、一緒にいるのは珍しいね。

6 ♪ N3-28　答え　3
女：こんなにたくさん一人で食べられるわけがな
　　いでしょう？
男：1 本当だね、足りるかな？
　　2 そうかな、食べられないと思うよ。
　　3 そうだね、やっぱり無理だよね。

第5課

問題1 (pp.70-71)

1	2	2	3	3	1	4	1

問題2 (p.72)

1	4	2	2	3	4	4	2	5	3
6	4	7	2	8	4				

問題3 (p.73)

1	2	2	2	3	1	4	2	5	4
6	1	7	2	8	2				

問題4 (p.74)

♪ N3-29　答え　3
男の人と女の人が話しています。男の人はこの後
どうしますか。
男：セイセイ、相談があるんだけど。
女：あ、ケン。どうしたの？
男：もうすぐさくらの誕生日なんだけど、どんな
　　プレゼントをあげたらいいと思う？
女：最近は赤がはやっているから、赤い帽子と
　　かシャツとかどう？　まあ、だからといって、
　　さくらも赤が好きだとは限らないけど。
男：なるほどね。セイセイなら何が嬉しい？
女：私は雰囲気がよくて、料理がおいしいレス
　　トランで食事するだけで満足。だから、そ
　　ういうレストランを予約しておいてほしい
　　な。
男：そうか、レストランに行くのもいいね。うー
　　ん、さくらはどうなんだろう。ああ、悩む
　　なあ。
女：そんなに悩むくらいなら、ほしいものを本人
　　に聞いたほうがいいよ。
男：いや、実はさくらにびっくりしてほしくて。
女：あはは、そうか。そういうわけね。
男：でも、セイセイが言ったとおり、本人がほし
　　いと思っているものをあげようかな。
女：そうそう、それが一番嬉しいと思うよ。
男：そうだね、そうするよ。ありがとう。
男の人はこの後どうしますか。

問題5 (p.74)

1 ♪ N3-30　答え　1
女：まだ教科書の半分しか習っていないし、私た
　　ち、N3の試験、無理だよね。
男：1 でも、合格しないとは限らないよ。
　　2 そうだね。無理をするべきではないよ。
　　3 いや、合格するはずがないよ。

2 ♪ N3-31　答え　1
女：ケンさん、このシャツ、私に似合いますか。

男：1　それは、ちょっと子どもっぽいと思います。
　　2　それはＳサイズですから、着られると思います。
　　3　そのシャツは先週会ったとき、着ていましたよ。

③ ♪N3-32　答え　2

男：最近、ルイさんがダイエットだといって、あまり食べないんですよ。
女：1　何か悪い病気じゃなければいいですね。
　　2　やせたいからといって、食べないのはよくないですよね。
　　3　だから、ダイエットしているわけですね。

④ ♪N3-33　答え　1

男：パソコン、貸してほしいんだけど、いい？
女：1　どうぞ。使って。
　　2　貸してくれてありがとう。
　　3　ええ、壊れていませんよ。

⑤ ♪N3-34　答え　3

男：今の会社、部長も厳しいし、残業も多いし、全然おもしろくないんだよ。
女：1　それで、やめさせていただきたいんですが。
　　2　それほどストレスを感じているわけではないんですね。
　　3　そんなに文句を言うくらいなら、やめたほうがいいよ。

⑥ ♪N3-35　答え　1

男：ケンさんとさくらさん、けんかしたそうですよ。
女：1　だから、一緒にパーティーに来なかったわけですね。
　　2　じゃ、二人に早く謝るべきですよ。
　　3　仲直りしたいと言ってみます。

第6課

問題1 (pp.82-83)
(1) 1 1　(2) 1 4

問題2 (p.84)

1	3	2	2	3	1	4	1	5	1
6	4	7	4	8	3				

問題3 (p.85)

1	3	2	3	3	4	4	2	5	4
6	1	7	4	8	3				

問題4 (p.86)

♪N3-36　答え　2

男の人と女の人が話しています。男の人は次のデートで何をしますか。

男：おはよう、セイセイ。
女：あ、ケン、おはよう。さくらさんとのデートはどうだった？
男：実は遅刻しちゃったんだ。でも、さくらは全然怒らなくて、デートの間、ずっと笑顔だったよ。
女：いい人だよね。ところで、どこへ行ったの？
男：横浜ランドマークタワーの展望台に上った後、山下公園でいろいろ話したよ。さくらは趣味が多いんだ。映画鑑賞とかゲームとか、インドアな趣味がある一方で、テニスとかキャンプとか、アウトドアな趣味も持ってるんだ。本当に楽しかったなあ。
女：じゃ、初めてのデートとしては大成功だね。次のデートはいつ？
男：今度の日曜日、映画を見に行くよ。最初はテニスをしようと思ったんだけど、天気が悪くなりそうだからやめた。
女：楽しみだね。遅刻は絶対だめだよ。
男：うん、もちろん。もう遅れるわけにはいかないよ。

男の人は次のデートで何をしますか。

問題5 (p.86)

1 🎵 N3-37　答え　1

男：銀行に行ってくるから、ここで待っていてください。

女：1　わかりました。待っている間、本でも読んでいますね。
2　わかりました。急いで行ってきますね。
3　わかりました。行かないわけにはいきませんね。

2 🎵 N3-38　答え　3

男：日本語がお上手ですね。日本へはご旅行でいらっしゃったんですか。

女：1　ええ、留学生にとっていいところです。
2　いいえ、観光客として来ました。
3　いいえ、留学生として来ました。

3 🎵 N3-39　答え　1

女：さっき東北地方で強い地震があったようですよ。

男：1　ええ、北海道から東京にかけて揺れたそうです。
2　ええ、経験はもちろん自信もありますから、大丈夫でしょう。
3　ええ、まるで地震のようでしたね。

4 🎵 N3-40　答え　1

女：先生からの招待を断るわけにはいきませんね。

男：1　ええ、そうですよ。ぜひ会いに行きましょう。
2　ええ、断らないわけがないですよ。
3　それでは、先生に会えないわけですね。

5 🎵 N3-41　答え　1

男：日本は高齢化が進んでいるようですね。

女：1　ええ、その一方で子どもの数が減っているんです。

2　ええ、といっても子どもの数が減っているんです。
3　ええ、そのように子どもの数が減っているんです。

6 🎵 N3-42　答え　2

男：ルイさんはテニスが上手ですよね。

女：1　ええ、この間、子どもたちが教えてあげたいと言っていましたよ。
2　ええ、テニスはもちろん、サッカーやバスケットボールもうまいんですよ。
3　ええ、ルイさんほど上手じゃない人はいませんよ。

第7課

問題1 (pp.94-95)

1	2	2	2	3	4

問題2 (p.96)

1	4	2	3	3	2	4	3	5	2
6	1	7	3	8	4				

問題3 (p.97)

1	2	2	4	3	1	4	4	5	2
6	2	7	1	8	2				

問題4 (p.98)

🎵 N3-43　答え　1

先生が教室で学生に話しています。

女：皆さん、お知らせです。8月10日の学校のバス旅行ですが、今年は松島へ行くことになりました。松島は海に面した小さな町ですが、春は桜、秋は紅葉など、季節を問わず、楽しめる観光地です。松島の海は、約260のいろいろな形の島があるのが特徴で、私たちも遊覧船に乗って、見て回る予定です。でも、雨で運航しない場合は、遊覧船に乗るかわり

に、水族館へ行きます。水族館も楽しいですが、せっかく松島へ行くのですから、「晴れますように」と祈りましょう。えーと、それから、旅行の前に中間テストがありますね。範囲は先週お知らせしたとおりですから、よく勉強しておいてください。
先生は主に何について話していますか。
1　旅行の場所について
2　旅行の日の天気予報について
3　旅行の前の準備について
4　中間テストの範囲について

問題5 (p.98)

1 ♪N3-44　答え　1
男：試験結果が出ましたよ。どうぞ、封筒を開けてみてください。
女：1　はい。合格していますように。
　　2　ええ、合格したらしいです。
　　3　ありがとうございます。先生のおかげです。

2 ♪N3-45　答え　3
男：このスピーチ大会は年齢や国籍を問わず、学生なら誰でも参加できます。
女：1　日本人は参加できないんですね。
　　2　会社員でも参加できるんですね。
　　3　30歳でも参加できるんですね。

3 ♪N3-46　答え　1
男：変な臭いがしますね。
女：1　ええ、何か燃えているようです。
　　2　ええ、外に誰かいるようです。
　　3　ええ、けんかしているようです。

4 ♪N3-47　答え　2
女：天気予報によると、明日大雨らしいですよ。ピクニック、どうしますか。
男：1　じゃ、ピクニックに行くかわりに海でバーベキューをしましょう。

　　2　じゃ、そのかわりに家でパーティーをしましょう。
　　3　じゃ、降らないうちに、ピクニックの準備をしましょう。

5 ♪N3-48　答え　1
女：パーティーに行かないんですか。
男：1　ええ、出張することになったんです。
　　2　ええ、ぜひ来てほしいです。
　　3　ええ、とても楽しみです。

6 ♪N3-49　答え　2
女：こんなに天気がいいから、今日は雨が降らないよね。
男：1　うん、今にも降りそうだね。
　　2　ううん、午後から降るらしいよ。
　　3　へえ、雨が降らないわけだ。

第8課

問題1 (pp.106-107)
(1) | 1 | 1 (2) | 1 | 2

問題2 (p.108)

| 1 | 4 | 2 | 2 | 3 | 3 | 4 | 3 | 5 | 1 |
| 6 | 1 | 7 | 4 | 8 | 2 | | | | |

問題3 (p.109)

| 1 | 3 | 2 | 3 | 3 | 2 | 4 | 1 | 5 | 4 |
| 6 | 2 | 7 | 1 | 8 | 1 | | | | |

問題4 (p.110)

♪N3-50　答え　1
英語教室で男の先生とアルバイトの女の人が話しています。女の人はこの後最初に何をしますか。
男：エマさん、子どもたちの発表会の準備を手伝ってください。
女：はい、何をすればいいですか。

男：子どもたちが座るいすを並べてください。

女：はい。

男：ご両親をはじめ、おじいさん、おばあさんも見に来るご家庭もあるから、後ろのほうは、人が3、4人並んで通れるくらい空けて並べてください。去年、見学するスペースが狭いって教室に対して苦情の電話が来たんです。

女：わかりました。気をつけます。

男：隣の部屋で、ポールさんたちが飾りを作っていますから、いすを並べ終わったら、手伝いに行ってください。

女：はい。

男：あ、すみません。並べ終わったら、ポールさんたちのところに行く前に、ドアの近くの棚の上を拭いてください。そこにお菓子とジュースを置きますから。

女：はい。

女の人はこの後最初に何をしますか。

問題5 (p.110)

1 ♪N3-51　答え　1

男：先生に対して、そんな話し方をしてはいけませんよ。

女：1　はい、気をつけます。

　　2　はい、気がつきました。

　　3　はい、気にしていません。

---

2 ♪N3-52　答え　2

女：その本、ルイさんも読みたいと言っていましたよ。

男：1　じゃ、読んだかどうか、ルイさんに聞いてみます。

　　2　じゃ、読み終わったら、ルイさんに渡します。

　　3　じゃ、ルイさんは読み始めたばかりなんですね。

---

3 ♪N3-53　答え　3

男：スポーツ大会では、バレーボールをはじめ、いろいろなゲームを準備しています。

女：1　じゃ、バレーボールのかわりに何をしますか。

　　2　じゃ、バレーボールはやらないんですね。

　　3　じゃ、バレーボールが苦手でも楽しめますね。

---

4 ♪N3-54　答え　1

男：ルイが楽しみにしていた映画だったのに、ルイはずっと死んでいるかのように寝ていたよ。

女：1　疲れていたんじゃない？

　　2　興味がない映画だったんだから仕方ないね。

　　3　一緒に行って寝ちゃうなんて、ルイさんに対して失礼だよ。

---

5 ♪N3-55　答え　2

男：おかえりなさい。雨が降ってきたけど、大丈夫だった？

女：1　うん、雨が降らないうちに帰ったほうがいいよ。

　　2　うん、でも風が強くてまっすぐ歩けないほどだったよ。

　　3　うん、雨が降ってもおかしくないぐらいの空だね。

---

6 ♪N3-56　答え　2

男：失敗するたびに自信がなくなってしまうよ。

女：1　初めての失敗でそんなに落ち込まなくてもいいよ。

　　2　失敗から学べば問題はないよ。

　　3　自信がなくても、失敗するとは限らないよ。

問題1 (pp.118-119)

| 1 | 2 | 2 | 3 | 3 | 2 | 4 | 4 |

問題2 (p.120)

| 1 | 3 | 2 | 1 | 3 | 3 | 4 | 1 | 5 | 1 |
| 6 | 4 | 7 | 3 | 8 | 2 |

問題3 (p.121)

| 1 | 4 | 2 | 4 | 3 | 2 | 4 | 2 | 5 | 1 |
| 6 | 1 | 7 | 2 | 8 | 3 |

問題4 (p.122)

♪ N3-57　答え　1

テレビでアナウンサーが話しています。

男：次は、台風情報です。今月1日に発生した台風は強い雨と風をともなって、東北地方に接近中です。東北地方では今夜から明日の朝にかけて、激しい雨と風が予想されます。これは2016年に北海道に上陸した台風と同じルートをたどっており、このまま北に進むと、北海道に上陸するおそれがあります。もし北海道に上陸した場合、7年前の8月に上陸して以来となります。場所によっては避難が必要になりますので、すぐに避難できる準備をしてください。

アナウンサーは何について話していますか。
1 台風の進路と影響
2 台風の大きさ
3 2016年の台風の被害状況
4 北海道に台風が上陸した回数

問題5 (p.122)

1 ♪ N3-58　答え　3

女：友達に貸したお金、ずっと返ってこないんだ。
男：1 返さなければよかったのに。
　　2 借りなければよかったのに。
　　3 貸さなければよかったのに。

2 ♪ N3-59　答え　3

男：今度のクラス会、みんな来るらしいよ。楽しみだね。
女：1 みんな来られればいいのに。
　　2 ううん、楽しみじゃないこともないよ。
　　3 うん、卒業して以来だからね。

3 ♪ N3-60　答え　1

女：年を取るにともなって、いろいろ変わりますね。
男：1 ええ、最近忘れっぽくなった気がします。
　　2 ええ、年を取った母にかわって、私がしています。
　　3 ええ、時代が変ればいろいろできますね。

4 ♪ N3-61　答え　1

女：さっきの地震による津波のおそれはないらしいよ。
男：1 よかったね。
　　2 心配だね。
　　3 おそろしいね。

5 ♪ N3-62　答え　2

男：部長の伊藤さんが今日の会議を欠席されるそうなんですが、誰かかわりに出席してもらえませんか。
女：1 はい、私のかわりに部長がなさいます。
　　2 はい、部長にかわって私が出席します。
　　3 はい、私が部長にともなってまいります。

6 ♪ N3-63　答え　2

男：この歌、好きなら一緒に歌いませんか。
女：1 一人で歌うのはちょっと……。
　　2 歌えないこともないんですが、歌には自信がなくて。
　　3 一緒に歌わせればよかったのに。

第10課

問題1 (pp.130-131)

| 1 | 1 | 2 | 3 | 3 | 4 |

問題2 (p.132)

| 1 | 4 | 2 | 1 | 3 | 2 | 4 | 4 | 5 | 3 |
| 6 | 2 | 7 | 1 | 8 | 2 |

問題3 (p.133)

| 1 | 2 | 2 | 3 | 3 | 4 | 4 | 3 | 5 | 1 |
| 6 | 1 | 7 | 4 | 8 | 2 |

問題4 (p.134)

🎵 N3-64　答え　1

高校で男の生徒と女の生徒が話しています。男の生徒は英語のテストで何をたくさん間違えたと言っていますか。

男：みゆちゃん、この前の英語のテストはどうだった？

女：うーん、残念な結果だったよ。間違いだらけで、恥ずかしくなっちゃった。ヨウくんは？

男：僕も。先生は2年生で習った文法を中心に出すって言っていたから、そればかり勉強していたんだけど、そうしたら1年生のときに習った文法をたくさん間違えちゃったよ。

女：難しかったよね。私は文法は大丈夫だったんだけど、単語が全然思い出せなくて、作文の問題、全然書けなかったんだ。

男：今回のテストの結果をもとに、3年生の英語クラスが決まるんだって。僕たち、同じクラスになれそうだね。

女：ははは、そうだね。3年生ではお互い、いい点が取れるようになりたいね。

男の生徒は英語のテストで何をたくさん間違えたと言っていますか。

問題5 (p.134)

1 🎵 N3-65　答え　2

男：このゲームは若い男性を中心に、人気があります。

女：1　そうですか。女の人が多いんですね。
　　2　そうですよね。私の弟もよくしていますよ。
　　3　へえ。男の人は全然していないんですね。

2 🎵 N3-66　答え　2

男：この街の名物といえば、ラーメンですね。

女：1　いいえ、あまり言わないでください。
　　2　はい、みんな一度は食べたことがあるはずです。
　　3　はい、とても有名な方ですよね。

3 🎵 N3-67　答え　1

女：最近、ジムに通うようになったよ。

男：1　ちゃんと続くといいね。
　　2　長く続けていて、えらいね。
　　3　まだ1回しか行ってないんだ？

4 🎵 N3-68　答え　3

女：自分の経験をもとに、作文を書きましょう。

男：1　作文を書いたことがあります。
　　2　これからいろんな経験がしたいです。
　　3　子どもの頃の経験でもいいですか。

5 🎵 N3-69　答え　2

男：うわあ、この部屋、汚いなあ。

女：1　ほこりのようだね。
　　2　ほこりだらけだね。
　　3　ほこりしかないね。

6 🎵 N3-70　答え　1

女：お酒を飲んでばかりいると、体を壊すよ。

男：1　わかってるよ。明日からは飲まないから。
　　2　わかってるよ。でも飲みすぎないでね。
　　3　わかってるよ。もう壊さないでよ。

問題1 (pp.142-143)

(1) ☐1 4 (2) ☐1 1

問題2 (p.144)

☐1	2	☐2	4	☐3	1	☐4	2	☐5	4
☐6	3	☐7	1	☐8	3				

問題3 (p.145)

☐1	1	☐2	3	☐3	2	☐4	2	☐5	2
☐6	2	☐7	1	☐8	4				

問題4 (p.146)

♪ N3-71　答え　4

会社で男の社員と女の部長が話しています。男の社員はどうして帰りますか。

男：あの、部長、急なことで申し訳ないのですが、今から帰らせていただいてもよろしいでしょうか。娘が熱を出したと保育園の先生から連絡がありまして。仕事の最中にすみません。

女：それは心配ですね。遠慮せずに迎えに行ってあげてください。うちの子の保育園でも風邪がはやっていますよ。寒くなったとたん、増えましたよね。

男：はい。今朝は元気にしていたのですが。すみません。

女：謝らないでくださいよ。今度私が保育園から呼び出されたときに、帰りづらくなっちゃいますから。では、娘さんのことが心配だとは思いますけれど、どうぞ無理しないでくださいね。親は子どもが心配なばかりに、自分の健康のことを忘れがちになってしまいますから。

男：はい、ありがとうございます。

男の社員はどうして帰りますか。

問題5 (p.146)

1 ♪ N3-72　答え　2

女：山田さん、いつ倒れたの？

男：1　仕事のせいだって。
　　2　仕事の最中だって。
　　3　仕事についてだって。

2 ♪ N3-73　答え　3

男：家に帰ったとたん、また会社に呼び出されてしまいました。

女：1　時間がかかりましたね。
　　2　会社にいたんですか。
　　3　何か問題が起きたんですか。

3 ♪ N3-74　答え　1

男：省吾くん、最近学校を休みがちだよね。

女：1　うん、おとといも休んでいたね。
　　2　うん、休んだことないよね。
　　3　うん、いつも教室にいるね。

4 ♪ N3-75　答え　1

女：あの、もう一度説明していただけませんか。

男：1　わかりづらかったですか。すみません。
　　2　わかっていただけて、うれしいです。
　　3　わかるようになりましたよ。

5 ♪ N3-76　答え　3

男：この夏は雨が降らず、困っている農家が多いそうですよ。

女：1　雨ばかりで大変ですよね。
　　2　もう雨が降らなければいいですね。
　　3　雨が降らないと水不足になりますからね。

6 ♪ N3-77　答え　2

女：冷蔵庫に入れ忘れたばかりに、果物が腐ってしまいました。

男：1　冷蔵庫のせいですね。
　　2　もったいなかったですね。
　　3　すっかり冷めてしまいましたね。

問題1 (pp.154-155)

1	1	2	4	3	2	4	1

問題2 (p.156)

1	3	2	4	3	1	4	3	5	4
6	1	7	2	8	2				

問題3 (p.157)

1	2	2	4	3	2	4	4	5	3
6	1	7	2	8	1				

問題4 (p.158)

♪ N3-78　答え　3

アルバイトの休憩時間に、男の人と女の人が話しています。女の人は男の人の何が悪かったと言っていますか。

男：ゴック、おつかれさま。

女：あ、ケン、おつかれさま。ねえ、まださくらとケンカしてるの？　くよくよくーん。

男：え、何それ？　やめてよ。

女：ケンが最近、ケンカしたことをずっとくよくよ悩んで元気がないから、店長がケンのこと、「くよくよくん」って呼んでたんだよ。

男：やだなあ。そんな呼び方することないのに。ねえゴック、さくら、僕のことなんか言ってた？

女：あのね、前に比べてケンが冷たいって言ってたよ。悩みを相談したとき、ケンは「ああすればいい、こうすればいい」ってアドバイスするばかりで、全然さくらの気持ちを聞こうとしてくれなかったって。ケン、話をよく聞かないで、自分ばかり話していたんでしょ。それじゃだめだよ。

男：え、あのときかな。そんなの、そのとき言ってくれさえすれば、僕だってさくらの話をゆっくり聞いてあげられたのに。

女：言われなくても、相手の様子に応じて、アドバイスするのか、なぐさめるのか、変えなきゃ

ならないんじゃないかな。

男：女性の気持ちは難しいなあ……。

女の人は男の人の何が悪かったと言っていますか。

問題5 (p.158)

1 ♪ N3-79　答え　2

男：その動物園なら、電車のほうが車に比べて早く着きますよ。

女：1　やっぱり車のほうが早いんですね。
　　2　じゃあ電車のほうがいいですね。
　　3　早く行かないといけませんね。

2 ♪ N3-80　答え　1

女：飲み物は私が用意しますから、持ってくることはないですよ。

男：1　助かります。ありがとうございます。
　　2　飲み物を飲んではいけないんですね。
　　3　忘れないように持っていきますね。

3 ♪ N3-81　答え　2

女：暇だから、お金さえあれば海外旅行に行くんだけど、残念だな。

男：1　忙しいとなかなか行けないよね。
　　2　行きたいなら、働かなきゃね。
　　3　そんなに貯金があるんだ。

4 ♪ N3-82　答え　3

男：どうしてこの公園は「富士見公園」と呼ばれているんですか。

女：1　富士山が見えるということです。
　　2　富士山が見えるかもしれません。
　　3　富士山が見えることからです。

5 ♪ N3-83　答え　1

男：明日の天気はどうですか。

女：1　晴れるのではないでしょうか。
　　2　晴れたのではないでしょうか。
　　3　晴れていたのではないでしょうか。

女：赤い皿の寿司は 200 円で、黒い皿の寿司は
　　300 円です。

男：1　種類を問わず同じ値段なんですね。
　　2　値段に応じて使うお皿を変えているんで
　　　　すね。
　　3　値段がわかりにくいんですね。

第13課

問題1 (pp.166-167)

1	1	2	3	3	2

問題2 (p.168)

1	4	2	1	3	3	4	2	5	1
6	2	7	4	8	3				

問題3 (p.169)

1	3	2	2	3	4	4	1	5	3
6	4	7	3	8	1				

問題4 (p.170)

♪ N3-85　答え　3

電話で女の人と男の人が話しています。男の人は
この後何をしますか。

女：もしもし、ルイ？　どうしたの？
男：セイセイ、今日、何か予定ある？　よかった
　　ら秋葉原に行かない？　アイドルのうさぎ
　　ちゃんのコンサートがあるんだよ！　チケッ
　　トが売り切れちゃって落ち込んでいたところ
　　に、行けなくなったファン仲間が譲ってくれ
　　たんだよ。
女：えー、うさぎちゃん！　でも、今日はごみ拾
　　いのボランティアがあるんだ。
男：ボランティア？　よく考えてみて？あのうさ
　　ぎちゃんに会えるんだよ！？
女：行きたくないわけじゃないよ。でも、約束し
　　ちゃったし。

男：だけどさあ！　このチャンスを逃すなんて、
　　人生損してるよ！？
女：ボランティアに参加したこともないくせに、
　　そんな風に言わないでよ！
男：ははは、ごめんごめん。ごみ拾いは何時まで？
　　終わり次第、急いで来なよ！
女：無理だよ。終わったらバーベキューの予定な
　　んだ。ケンを誘ってみれば？きっと行きたが
　　るよ。
男：そっかあ。わかった、そうするよ。
女：じゃ、ケンに連絡するついでに、貸したノー
　　トを明日持ってくるように伝えてくれない？
男：オッケー。
男の人はこの後何をしますか。

問題5 (p.170)

1 ♪ N3-86　答え　2

男：彼女とのデート、どこに行ったらいいと思
　　う？
女：1　動物園に行きたいよ。
　　2　動物園に行きたがっていたよ。
　　3　動物園にしたの？

2 ♪ N3-87　答え　1

女：早く新幹線のチケットを取ったほうがいいで
　　すよ。
男：1　旅行の日にちが決まり次第予約します。
　　2　まだ時間がありません。
　　3　予約してくれてありがとうございます。

3 ♪ N3-88　答え　3

男：私の昼ご飯も買ってくれたんですか。ありが
　　とうございます。
女：1　はい、召し上がりました。
　　2　ええ、遠慮なくいただきます。
　　3　いえ、自分のを買ったついでですよ。

4 ♪ N3-89　答え　3

女：うちの兄はお金がないくせに遊んでばかりい
　　るんだよ。

男：1　金持ちはうらやましいね。

　　2　アルバイトしていてえらいね。

　　3　家族としては心配だよね。

5 ♪ N3-90　答え　1

男：勉強をさぼってゲームをしていたところに、
　　父が部屋に入ってきたんだ。

女：1　え、怒られなかった？

　　2　お父さんがゲームをしていたの？

　　3　勉強のじゃまだよね。

6 ♪ N3-91　答え　2

女：最近車を買ったんですか。いいなあ。

男：1　はい、高く売れてよかったです。

　　2　はい、でも新しいのを買ったわけではな
　　　　いんです。

　　3　はい、もう10年も乗っています。

第14課

問題1 (pp.178-179)

(1) 1　4　(2) 1　2

問題2 (p.180)

1	2	2	1	3	4	4	4	5	3
6	2	7	3	8	2				

問題3 (p.181)

1	1	2	3	3	3	4	2	5	1
6	3	7	4	8	4				

問題4 (p.182)

♪ N3-92　答え　1

会社で女の社員と男の課長が話しています。女の
社員はこの後まず何をしますか。

女：課長、私、今からお昼休憩に行ってきます。

男：はい、行ってらっしゃい。あ、小野寺さん、
　　パソコンの画面がついたままですよ。席を
　　離れるときは、必ずパソコンを閉じてくだ
　　さい。

女：あ、すみません。そうします。

男：そういえば、プレゼンの資料作りは順調です
　　か？　内容を確認しますから、休憩から戻り
　　次第見せてください。作りかけで大丈夫なの
　　で。

女：はい。あの、伝えたいポイントが1ページに
　　まとめきれないんですが、2ページになって
　　しまっても大丈夫ですか。

男：今パソコンで開いているのがそのデータです
　　よね。ちょっと見せてくれますか。うーん、
　　この資料は一目で見てわかるようにしたいか
　　ら、1枚に入るようにしてほしいな。入りき
　　らないことは口で説明すればいいですから。

女：わかりました。重要なことを選びぬいて載せ
　　ればいいんですね。

男：うん、そういうこと。じゃ、まずはお昼行っ
　　てらっしゃい。最近疲れ気味みたいだから、
　　休憩時間はちゃんと休んでね。

女：ありがとうございます。行ってきます。

女の社員はこの後まず何をしますか。

問題5 (p.182)

1 ♪ N3-93　答え　1

男：山下くんにライターを借りたまま持って帰っ
　　てきちゃった。

女：1　明日返さなきゃね。

　　2　どこで失くしちゃったの？

　　3　早く持ってきてよ。

2 ♪ N3-94　答え　3

女：明日のイベントは成功しそうですか。

男：1　皆さんのおかげで無事に終わりました。

　　2　皆さんも参加できるんですね。

　　3　皆さんの協力次第です。

3 ♪ N3-95　答え　2

男：なんでダイエットしているの？

女：1　太りたがっているんだ。

　　2　最近太り気味で。

　　3　やせたらいいのに。

4 ♪ N3-96　答え　2

女：このりんご、色が悪くなっているけど、大丈夫？

男：1　本当だ。新鮮そうだね。

　　2　本当だ。腐りかけているね。

　　3　本当だ。買ったときのままだね。

5 ♪ N3-97　答え　1

男：新しいお菓子は、古いのを食べきってから買おうよ。

女：1　そうだね。悪くなる前に食べないと、もったいないよね。

　　2　そうだね。両方一緒に楽しみたいね。

　　3　そうだね。新しいのを試したいね。

6 ♪ N3-98　答え　3

女：来週の登山は、一日で30キロの山道を歩きぬく体力が必要だよ。

男：1　上手なんだね。

　　2　残念だったね。

　　3　すごい距離だね。